地方創生シリーズ

公民共創の教科書

河村昌美・中川悦宏 著

学校法人 先端教育機構
事業構想大学院大学出版部

まえがき

1 なぜ今「公民共創」なのか

　本書のメインテーマは「民間と行政の共創」です。なぜ今、この
テーマが社会的に重要であり意義を持つのでしょうか。以下では先ず
筆者たちが認識する社会情勢を纏めてみたいと思います。

　少子化・超高齢化に伴う生産年齢人口の減少や福祉や医療などにか
かる費用の増加、グローバル化や急速な技術革新による社会構造の変
化、高度経済成長期以降に増大した各種インフラ・公共施設の老朽
化、地域コミュニティの衰退、環境問題、多発する自然災害への対応
など、私たちの社会や地域が現在・将来的に抱え、何らかの形で解決
をしていかなければならない課題を挙げればキリがありません。

　特に、地方創生や、国連の持続可能な開発目標であるSDGsの17
のゴールと169のターゲット。これらに挙げられている諸課題につい
ては、民間・公的機関を問わず、ビジネスや公益活動、研究、教育な
どその他さまざまな視点から、多くの皆様が関心を持つところでしょ
う。

　我が国では、これら社会や地域の課題解決にあたっては、従来から
国や地方自治体などの行政をはじめとした公的機関が大きな役割を
担ってきました。戦後復興期や高度経済成長期においては、社会や地
域の課題が道路や上下水道などの基本的なインフラ整備を代表とする
ような、現在の課題よりも画一的でシンプルなものであったため、行
政は、各種の計画や規制、税収の公正な再配分という行政の基本的な
手法により、一定の方向性のもとに行政主導で解決を図ることがで
き、その結果として現在の便利で安全な社会を構築してきたことは評
価されるべきことでしょう。

しかしながら現在は、社会経済状況の大きな変動やグローバル化、基本的な社会インフラ・サービスの充足、インターネットをはじめとするさまざまな技術革新などにより、これまでの成長社会から成熟社会への変化が進むなか、課題そのものの性質・内容だけでなく、我々の価値観・ライフスタイル・ニーズなども大きく変わってきています。

　例えば、インターネットなどのICTの発展により、人々は「みんなが良い」だけではなく、SNSなどを通じた、よりコンパクトなコミュニティの中での「私が良い」「私とつながる人たちが良い」ことに重要な価値を見出す、非画一的で多様性を持った複雑な社会になってきています。

　このような流れから生じる社会や地域のさまざまな課題は、まさにVUCA（Volatility［変動性］、Uncertainty［不確実性］、Complexity［複雑性］、Ambiguity［曖昧性］）とされる性質を持つ、これまで我々が経験したことのないものになってくることは必然です。

　そういう状況の中で、例えば、社会課題や地域課題の最前線に立つ行政機関である地方自治体は、従来のような行政主導で、そして、行政だけの経営資源（ヒト・モノ・カネなど）だけで、諸課題を解決していけるのでしょうか。

　ヒトの視点で見ると、地方自治体に先端技術をリードし、時代に沿った新たなシステムやサービスを創出できる専門家はいるでしょうか？　……例外はあるでしょうが、ほぼいないでしょう。

　知識やノウハウも含めたモノの視点で見ると、多様な課題の解決に資する物資や技術、知的資源を地方自治体は持っているでしょうか？……これも足りないでしょう。

　カネの視点では、人口減少社会の中で、かつての高度経済成長期やバブル経済期のように、地方自治体が課題解決に必要な財源を捻出でき、充分な税の再配分ができるでしょうか？　……これも困難になっ

ていくことは、さまざまなデータからも明白でしょう。

　それほど想像力の翼を羽ばたかせなくとも、これらは容易にイメージできるはずです。つまり、無い無い尽くしなのです。

　行政としては、直営事業による対応や規制行政・給付行政など従来からの行政手法の工夫、内部的な行政改革や経費削減、人材育成などで解決できることもあるのでしょうが、VUCAな時代への対応においてはその対応範囲や内容、スピードなどさまざまな点に限界があります。

　これは、民間の視点に置き換えてみても同様です。社会や地域が抱える諸課題がより深刻化し、その活力が減退していくことは、結局マーケットの衰退につながり、自分達のビジネス、場合によっては生き残りにじわじわと影響してくるでしょう。また、VUCAな時代における商品やサービスの開発、改善、革新などにおいても、顧客となる地域住民が抱える、より多様化・複雑化された困りごとやニーズに沿ったものにしていく必要もあるでしょう。

　しかし民間だけの知恵と力でこれらを把握し、解決していくことができるでしょうか。やはり、さまざまな面で足りないものが出てくるものと思われます。

　必要な資源が足りない場合への対応で一番簡単な方法は、逃げること・無視すること・やらないことです。しかし、社会や地域の課題からは、地域住民も民間企業も行政も逃げることはできず、無視していけば、将来的にどのような結果になるかが明白です。

　逃げられないならばどうすればいいか？　それには、課題の解決に必要な知恵や資源を持っている人を見つけ出したうえで、その人から提供してもらったり、その人に参加してもらい一緒になって知恵を絞ったりするなど、必死に汗をかいて、工夫しながら頑張るしかないでしょう。

それを実践する方法の一つとして、近年、PPP（Public Private Partnership）——日本語では公民連携・官民連携などと呼ばれる、民間と行政がそれぞれ持てる知恵と力を出し合える関係を構築する新たな考え方——に基づき、さまざまな連携手法が生み出され、世界中で導入されてきています。

　しかしながら現在の我が国では、強固に官民を分ける二元論を前提とした形でさまざまな物事が進んでおり、制度上も、意識や認識の上でも、民間と行政とのPPPは、未だスタンダードではなくイレギュラーな手法としてのレッテルを貼られている状況だと思われます。

　筆者のうち一人は、もともと考古学を研究していましたが、その視点で見れば、公共は行政をはじめとした官が独占的に担うべきといった官民二元論的な考え方は、とくに人類史上スタンダードな考え方ではないことが分かります。むしろ、人類は長い歴史の中で直面したさまざまな公共的な課題つまり社会みんなの課題に対し、多様な立場の人々が協力し、それぞれが持つ知恵や力を出し合い、試行錯誤や失敗を重ねながらもさまざまなイノベーション（革新）を起こして困難を克服し、発展してきたはずだと考えます。

　我々がこれまで経験したことのない、個々の人や組織の知恵や力を大きく超えた課題に直面している現在、適切な解決策を生み出していくためには、先人らがそうしてきたように、時と場合に応じた柔軟な発想を忘れずに、硬直的な官民二元論に代表されるようなさまざまなセクター間に存在する垣根を越え、多様な立場の人々が積極的に連携することで広くオープンにイノベーションを進める。それが、持続可能な明るい未来につながる道の一つになるのではないでしょうか。

2　本書の狙いと関心に応じた「歩き方」

　筆者は、このような認識のもと、民間と行政が広く連携しイノベー

ションを促進するために重要な考え方・方法として「共創」があると考えています。

　本書は、民間と行政との共創に最も早くから取り組んでいる地方自治体の一つである横浜市の取組をベースに、そこで筆者が長年行ってきた共創の実践や研究から得た独自の知見を加え、事例分析や方法論・実践論、また実務上活用しているビジネス思考法やフレームワークなどを踏まえた共創事業構想の流れなどをご紹介しています。よく「暗黙知が多く分かりにくい」「外から見えにくい」と言われる民間と行政との共創の進めかたを、主に実務的な視点から、できるだけ形式知化・見える化することで、民間・行政といったセクターを問わず、社会や地域の課題解決に向けて、日本各地で共創に取り組んでいる、これから取り組みたい、まずは知りたい、などといった皆様のご参考になれば、という趣旨でまとめたものです。

　主な読者層と考えているのは「SDGsや地方創生をはじめとしたさまざまな社会・地域の課題について、民間や行政、その他さまざまな主体の立場で、それらの連携によって解決することに取り組んでいる・取り組みたい・興味がある・学びたい方々」です。

　また、近年よく耳にするようになってきた企業間の共創、大学などの研究機関と企業の共創、住民・顧客と企業との共創、NPOと企業の共創などといった、さまざまな形の連携に関わる皆様にとっても役立つ要素が多くあるものと思いますので、社会や地域の課題解決につながる連携の輪を広げるためにも、幅広い読者層に読んでいただければ幸いです。

　なお、本書で取り上げる事例は、筆者の実践フィールドである横浜における事例です。「横浜は知名度があり企業も多いから、民間と行政の共創ができるのだ」というご意見をよく頂きますが、決して横浜だけの特殊事例というわけではありません。全国で講義を行ってきた

筆者の経験では、各地方にも共創のネタは数多くあると考えますし、解決を目指す社会・地域の課題の根本は全国共通のものです。確かに横浜の知名度や経済環境などの恩恵による事例もありますが、本書を最後までお読みいただければ、さまざまな視点から取り上げる共創事業の構造部分つまり事業の骨格や重要要素、構想の流れやポイント、得られるメリットや公平性確保、リスクヘッジの考え方など、さまざまな部分が地域を問わず参考になり、実践できるはずだと考えます。

　民間と行政の共創という、日本においては、まだまだ未踏のエリアが多くあるフィールドにちょっと先に踏み込んだ筆者らの模索をまとめた本書が、今現在踏み込んでいるまたはこれから踏み込もうとしている、関心があるなどさまざまな皆様のための「共創の歩き方」になれば幸いです。

＊本書の内容における事例の選択や分析また意見や見解の部分は、筆者の個人的な経験や調査、考察、研究などに基づくものであり、筆者の属する組織の公式な判断や意見、見解を示すものではありません。

読者の立場に応じた本書の読み方・使い方

　本編に入る前に、ここで共創の歩き方の羅針盤として、本書の読み方の
ポイントをご紹介しておきます。

　本書は、十年以上にわたる筆者の実践を通じた、現状での共創ノウハウ
の多くを詰め込んでいますので、民間・行政という立場の違いにかかわら
ず、これらのポイント以外にも役立てていただける部分があると思います
が、参考として主なものを抽出してみました。また、通読のみならず、目
次や索引などを活用して、必要な部分を参考書・ガイドブック的にも活用
していただけると思います。

1　行政サイドの読者の場合

　さまざまな課題の解決に直面し、少しでも民間との連携に活路を見出そ
うとしている全国の行政パーソンには、全般的に参考にしていただけると
思いますが、特に次の点を意識してください。

① 民間との連携にあたって必ずハードルとなる「公平性」「リスク」など
　に対する考え方【160、181ページなど】

② それぞれの地域が、必ず何かしらの価値（メリット）を有しているこ
　とと、その見つけ方【55、133、140ページなど】

　なお、民間との連携だけでなく、通常の施策や事業を考える際にもビジ
ネスモデル構想の思考法や手法は役に立つはずです。

2　民間サイドの読者の場合

　SDGsやESG投資、地方創生など社会や地域の課題解決につながるビジ
ネス・活動に関心のある皆様をはじめ、CSR・CSV（サステナビリティ）
担当者や実際のフィールドでの実証実験を必要とする方々など、これから
のビジネス・活動に広く役立つ内容を各所に記述しているつもりですが、
特に次の点は参考にしていただけると思われます。

① 民間と行政のさまざまな違い、民間との連携における行政の立場や考

え方、躊躇する理由【146、160、209ページなど】

② 行政との連携で得られるさまざまなメリット【55、58、133、140
ページなど】

③ 連携での資金調達方法（キャッシュポイント）【150ページなど】

3　共通すること

　その他、民間・行政を問わず参考にしていただける内容として、次のも
のがあると思われます。

① 民間と行政の連携に欠かせない重要な要素と、その検討の参考になる
思考法やフレームワーク【110、126、133、216ページなど】

② 共創事業を構想する際に参考になる事業類型【80ページなど】

③ フレームワークを用いた事例の紹介・分析【231ページ、本書のWEB
サイトなど】

④ その他、共創の基本的な原則や視点【24、29、65ページなど】

目　次

第1章　共創とは

第2章　共創に取り組む必要性

第3章　横浜市における共創の推進

第4章　共創を推進する対話的アプローチ ——手法と事例

第5章 共創推進の方法論やノウハウ、ポイント

第6章 ビジネス思考法・フレームワークを活用した共創事業構想（発展編）

第7章 社会課題解決を未来の切り札に

共創の理解を深める

共創研究室

本書のWEBサイトについて

下の QR コードからアクセスできる本書の WEB サイトでは、次の通りリンクやデータを掲載してありますので、アクセス・ダウンロードをしていただき、皆様の共創事業の構想にお役立てください。

① 本書で取り上げている WEB ページへのリンク集
② 共創フロントの実現事例リストなど横浜市の共創関連資料
③ 各共創事業事例（93ページ）のフレームワークなどによる分析
④ 本書で取り上げているフレームワーク
⑤ 包括連携協定書など契約書の参考例
⑥ その他、本書の改訂情報など

イントロダクション

　社会や地域の課題を、民間と行政の共創によりイノベーションを創出して解決すると言われても、既にそのような活動に取り組まれている方々を除いて、なかなかイメージができないかもしれません。

　そこで、本編に入る前に、まずは本書がテーマとする民間と行政の共創についての具体的なイメージを持っていただくために、横浜市において構想し実装された最新の二つの共創事例を取り上げます。

　なお、社会や地域の課題を解決するための共創における大枠の形としては、現在二つの流れがあると考えています。

　一つは、現在急速に発展し社会に浸透してきているAIなどの先端技術やさまざまな形で蓄積されているデータ、これらを活用したデジタル技術によってソリューションを生み出し、課題の解決や市民サービスを効率化・高度化していくデジタル的アプローチです。もう一つは、さまざまな資源や活動などをリアルな場や形でつなげていくことで、課題解決につながる新たな価値をもつ活動を生み出していくアナログ的アプローチです。

　これらは、解決すべき課題の性質や連携目的や周辺状況により、どちらのアプローチも重要となりますし、両者がセットになる場合もありますが、まずは、分かりやすいこの二つのアプローチの視点から事例をそれぞれ一つずつ、加えて、共創が生み出したものを分かりやすく理解していただくために、民間・行政を問わず皆さんの関心が高まってきているSDGsの視点にも触れながら、簡単にご紹介します。

1　AI技術でごみ分別をより楽しく分かりやすく

　まずは、デジタル的アプローチの共創事例として、AIを活用したごみ分別システム「イーオのごみ分別案内」を紹介します。

このシステムは、AIが回答する内容のユーモアさから、インターネットやテレビなどのメディアに数多く取り上げられたのでご存じの方もいると思いますが、実は横浜市の共創の代表事例の一つです。

　ごみの資源化を進めて環境負荷を軽減していくためには、家庭から出るごみの分別が重要です。横浜市では、市民の皆様のごみ分別意識が高いのですが、それでも燃やすごみに資源物が混入（約15％／2016年度）してしまうこと、また、年間約14万人もの横浜への転入者に対しては、分別方法を都度周知する必要がある、といった課題がありました。

　そのようななか、株式会社NTTドコモから横浜市に対し、AI技術を活用した社会課題解決についての提案があったことから、その価値により解決できそうな課題を、さまざまな横浜市の事業の中から探した結果、ごみ分別をテーマとして、両者の共創による新たな市民サービスにつながるシステムの共同開発と実証実験を進めたものです。

　同社のAI技術や横浜市の持つデータなどの互いの資源やノウハウを出し合い、さまざまな対話を重ねながら開発を進めたことで、これまでにはない、チャットボットによる会話形式でスマートフォンなどから簡単にごみの分別方法を検索できるシステムが生まれました。

　およそ1年間にわたる実証実験の結果、正答率の向上など実装に充分な機能になったことをはじめ、さまざまな波及効果も把握できたため、2018年度からは横浜市の正式なごみ分別検索のシステムとして提供されています。

　国連「持続可能な開発目標（SDGs）」の観点からは、まさに17の目標の12番「つくる責任、つかう責任」に示される、「持続可能な生産消費形態」を確保することに資する取組になっています。

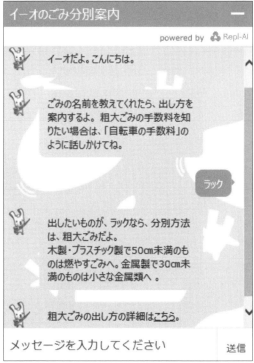

写真1：スマホ操作写真、画面アップ写真

2　閉店・改装するコンビニの在庫商品を地域のために活用

　次に、アナログ的アプローチの共創事例です。

　現在、全国各地にはあまねくコンビニエンスストアがあり、さまざまな生活必需品を、いつでも便利に手に入れることができますが、その中には閉店や改装をする店舗も数多くあり、そのような場合、さまざまな在庫商品が必然的に発生してしまいます。

　その一方で、地域社会には、コンビニエンスストアにあるような生活必需品の確保について福祉的な支援を必要とする、さまざまな困難を抱えた方々がいらっしゃいますし、そのような支援を行っている団体も数多くあります。

　そのような背景を踏まえ、既に包括連携協定を横浜市と締結していた株式会社セブン - イレブン・ジャパンと社会福祉法人横浜市社会福祉協議会、横浜市の三者が、別途個別の協定を締結しました。そのうえで対話を重ね、それぞれの資源やネットワークを存分に活かして、閉店や改装をするコンビニエンスストアの在庫商品のうち保存可能な食品や日用品・雑貨などを、必要とする地域住民や支援団体などにお届けするという、従来にはなかった共創事業を構想し、進めています。

　こうして、セブン - イレブン・ジャパンから横浜市社会福祉協議会に寄贈された在庫商品は、横浜市の18行政区にある各区社会福祉協議会や数多くの地域の福祉施設や非営利団体による配分会などを通じて、それらの商品を必要とする地域の方々に届くようになりました。これにより、多種多様な生活必需品を無駄にせず有効活用できるとともに、地域の必要な方々に手渡しすることで、新たな連携の仕組みやネットワーク作りにつながるなどの効果も生まれ、地域福祉の実現に資する取組になっています。

閉店・改装する店舗

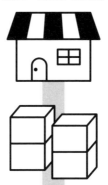

社会福祉協議会に在庫商品を寄贈

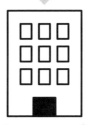

各施設・団体に配分

個々の市民のニーズに合わせて配分

図1：コンビニ在庫商品の配送～配分までの流れ

SDGsの視点から見ると、17の目標のうち、1番〜3番のウェルビーイングに関する目標に資するほか、食品ロスが生じる可能性を減らせることからAIごみ分別と同様に12番の目標など、複数のSDGs目標に資する取組となっています。

3　従来型受発注と異なる新規性

　まずは最新の二つの共創事例をご紹介しましたが、民間と行政の共創についてイメージを持っていただけましたか？

　なお、これら二つの事例をはじめとして、本書でご紹介する事例すべてが同様ですが、従来の公共発注のやりかたではない、つまり行政サイドが事業予算を立てて事業の仕様を作り、費用を全額公費で負担して民間に委託発注をする形の事業ではありません。異なる者同士が対話を通じて、それぞれが持つ知や資源を柔軟に組み合わせ、従来無かった課題解決の取り組みを共に創造したものです。

　今なぜ共創が必要なのか、という問いに対する答えもここから見えてきます。

　自分や自分の組織の中だけで物事を考えても、なかなか新たな創造は生まれません。脳科学者の茂木健一郎氏が述べるように、創造のプロセスには他者の存在・他者とのコミュニケーションが必要で、他者との予定調和を超えた丁々発止のやり取りというプロセスの中からこそ、新しいものが生まれることが多いからです[1]。

　この、異なる複数の者の密な相互作用を通じた創造こそ共創の本質であり、これまでのやり方では解決できない課題が満載のVUCAな時代を生き抜く私たちに欠かせないものだと考えます。

　社会や地域が抱える、未解決の問題に対し、社会を構成する両輪で

1　茂木健一郎『創造する脳』（2013、PHP研究所）、122〜125ページ

ある民間と行政の共創によって、そもそもの発想や課題発見と共有などといった川上の段階から互いに共感を持ち、対等な対話を進めながらアイデアを出し合う。そして、それぞれが持つ資源やノウハウ、ネットワークを柔軟に提供し合って組み合わせ、市民・民間・行政それぞれが三方よし・WIN-WIN-WIN を得られる形で、従来にはない新たな価値を創造して解決を図るイノベーションが、かつてないほど必要とされているのが現在なのではないでしょうか。

　イノベーションを創出するために必要となる新たな「知」は、「既存知と既存知の新しい組み合わせ」によって生まれると言われています。これは、経済学者であり現在のイノベーション論の源流とされるJ.A. シュンペーター氏が「新結合」という名で提唱した考え方に基づくイノベーションの基本原理です[2]。

　そして、既存知は、社会を構成するさまざまな組織や人々が分散して持っていることから、自己や自組織の既存知のみに頼る「クローズドイノベーション」ではなく、他者の既存知を集める「オープンイノベーション」が重要であることも、現在広く認識・実践されているところです。このオープンイノベーションを、ここで紹介した事例のように民間と行政の間で実践するために必要となる考え方や取り組み方の一つが共創なのです。

　なお、この二つを含めた共創事業の事例の詳しい内容や重要な要素、基本構造などについては、あらためて第4章や第6章で詳しく説明します。理屈の話よりも、まずは事例からイメージを膨らませた後で理屈を知りたいという方は、章を飛ばして第4章から読み始めていただいても構いません。

2　シュムペーター、塩野谷祐一・中山伊知郎・東畑精一訳『経済発展の理論─企業家利潤・資本・信用・利子および景気の回転に関する一研究（上）』（1977、岩波書店）、181〜185ページ

第1章
共創とは

イントロダクションでは、民間と行政の共創によって生まれたイノベーションの事例をご紹介しましたが、多少は、これから本書で取り上げる共創のイメージを持っていただけましたでしょうか。

　これから本編に入っていきますが、まずは本書において取り上げていく共創とはどういうものなのかという点について、もう少し詳しくご説明し、定義や範囲を明確にしておきたいと思います。

　実はこの部分は、民間と行政の共創に関する本質的な問題点を含むもので、共創に取り組む皆さんの基礎知識として必ず参考になるものと思いますので、理屈っぽい話が続きますがお付き合いください。

第1節　本書における「共創」の定義

1　共創の定義

　近年、共創という言葉は、民間企業・団体や大学などの研究機関、市民活動、行政などの多様な主体において、組織経営や研究開発、デザイン、マーケティング、社会貢献活動などのさまざまな場面で使用されています。

　読者の皆様においても、企業間での共創、顧客との共創、コミュニティとの共創などの言葉をどこかで一度は目にしたり聞いたりしたことがあるのではないでしょうか。

　これらの共創について確定した定義は未だなく、さまざまな定義や説明がなされている状況だと思われますが、共創の語源としては、2004年にアメリカのミシガン大学ビジネススクール教授のC.K.プラハラード氏とベンカト・ラマスワミ氏が、共著 *The Future of Competition: Co-Creating Unique Value With Customers* で提起したもので、「企業が、さまざまなステークホルダーと協働して共に新たな価

値を創造する」という概念である「Co-Creation」の日本語訳である
とされています[1]。

　現在、さまざまな場面で使用されている共創が意味するところは、
構造的にこのCo-Creationと同じものとみなして特に問題がないもの
と考えられます。しかし、本書がテーマとする「民間と行政の共創」
を定義するには、まだちょっと広すぎますね。

　そこで、より具体的に本書における共創の定義を定めるために、我
が国の地方自治体において、最も早くから民間と行政の共創の理念を
取り入れて施策や事業に活かし、多くの実績とノウハウを有する横浜
市の定義を見てみましょう。

　横浜市では、共創を「社会課題の解決を目指し、民間事業者と行政
の対話により連携を進め、相互の知恵とノウハウを結集して新たな価
値を創出すること」と定義しています[2]。

　この横浜市の定義は、基本的な構造としてはCo-Creationの定義と
同じですが、先に紹介した2つの共創事例からも分かるように、「民
間と行政の対話」、「知恵とノウハウの結集」、「社会課題の解決」、と
いった重要な要素が加わっています。

　この追加要素により、筆者らが本書で使用していきたい共創と概ね
同じ意味になってきましたが、もう少し説明的な要素を付け足したほ
うが分かりやすく、かつ実務的にも使いやすくなると思います。

　そこで、本書における「共創」の定義は、Co-Creation及び横浜市
の定義をベースとしたうえで、そこに筆者らの実践から得た知見や、
読者の理解を助けるための表現を加えた、次のものとします。

1　　斎藤昌義「【図解】コレ1枚でわかる「共創」ビジネスの実践」（2020年4月1日最終ア
　　クセス）
　　https://blogs.itmedia.co.jp/itsolutionjuku/2019/04/1_23.html

2　　横浜市『共創推進の指針〜共創による新たな公共づくりに向けて〜』（2009）、3ページ

企業や各種法人、NPO、市民活動・地域活動組織、大学などの教育・研究機関などの多様な民間主体と行政などの公的主体が、相互の対話を通じて連携をし、それぞれが持つアイデアやノウハウ、資源、ネットワークなどを結集することで、社会や地域の課題解決に資する新たな価値を共に創出すること。

　この定義の中で特に意識して欲しい部分は、これから繰り返し言及することになる「対話」ですので、常にそこを念頭に置いて本書を読んでいただくと、より理解が深まることと思います。

　なお、本書で使用する「共創」という単語は、特に断りのない限り、本節で示した定義を意味するものとします。

　「共創事業」という単語は、この定義に沿う形で、新たな価値を創出するために取り組む事業のことを意味するものとします。

　「共創パートナー」という単語は、共創事業において事業の主体となって連携し合う者のことを表すものとします。

2　私と公の役割

　共創をより理解するために、基本となる私（民間）と公（行政）の役割についても見ておきましょう。

　元拓殖大学教授の長坂寿久氏によれば、私たち人間の社会システムは「私・公共・公」という三元論で成り立っているとされています。この「公共」とは「私」と「公」を媒介する概念であり、私と他者で成り立つ社会において、まず私が考える私益があり、その私が他者とのコミュニケーションをする場である公共領域で合意されたものが公共益、その公共益を守り拡大してもらうために私たちがつくったのが国家や政府などの公ということです。世界の多くの国の社会システム

はこの三元論を踏まえ公共領域の存在を確固と踏まえて主権をとらえる形でつくられていますが、日本においては、明治以降の近代化における歴史的経緯の中で、「公・私」の二元論つまり「公共領域の部分は公が担当するもので、私は公共のことも公に任せておけば良い」という考え方を基本として社会システムが構築されてきました[3]。

　そのような経緯の中、現在では日本においても、公共領域における民間（私）と行政（公）の役割は類似・接近・補完されてきていますし、そうせざるを得ない状況になっていることは前述した通りです。個人や私的団体、NPO、社会起業家の活動はもちろん、通常の民間企業が公共領域に関する取り組みを単独または公的部門と協力して担う事例はあちこちで見かけるところでしょう。このことは後述するSDGsや地方創生施策の内容を見ても明らかです。

　近年言われている「新たな公共」は、公共領域は公の独占ではなく、さまざまな主体が問題解決者になるべきだというパラダイム転換のこととされています[4]。このように、これまでの私・公の二元論にこだわらず、より社会システムの本質である三元論に沿って、公共領域を対話により民間と行政で共に創っていく考え方や手法の一つが、本書でいう共創ということと言えます。

　なお、それぞれの主体の関係性と共創による取組の対象領域を分かりやすく見える化したものが、中央大学名誉教授の佐々木信夫氏が作成した図をベースに筆者が一部変更した図2です。この図の「共」の部分にあたる、④・⑥・⑦（ケースによっては⑤も該当）が、公共領域つまり本書で取り上げる共創が取り組むべき領域になります。

3　　長坂寿久『新市民革命入門―社会と関わり「くに」を変えるための公共哲学』（2016、明石書店）、37〜39ページ、59ページ

4　　佐々木信夫『日本行政学』（2013、学陽書房）、37ページ

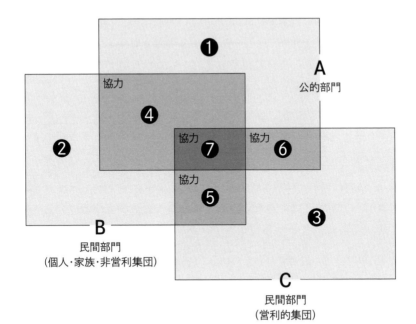

【各領域の説明】(「公」=❶、「共」=❹・❺・❻・❼、「私」=❷、❸)

❶ 行政が直営型のサービスを提供する領域

❷ 独立性をもつ個人や家族の私的生活や各集団の活動領域

❸ 原則として市場メカニズムの作用に依拠した事業者が
　一定の自由な企業活動を行う領域

❹ 公的部門と市民及びその集団との協力的な活動の領域【協働・共創】

❺ BとCの民間部門同士の協力的な活動の領域

❻ 公的部門と民間部門の協力的な活動の領域【共創】

❼ ABCの協力的な活動の領域【共創】

佐々木信夫『日本行政学』(2013、学陽書房) より引用、筆者が一部修正

図2：公・共・私の対象領域図

第2節 共創とPPP・公民連携などの関係

　筆者らがさまざまな機会においてよく質問を受けるのが、一般的に民間と行政との連携を示す言葉として使用される、「PPP（Public Private Partnership）・公民連携・官民連携」と「共創」との違いです[5]。

　基本的に、民間と行政が連携するという形式的な面から見れば両者に違いはありません。そのため、筆者らも形式的な意味合いで支障のない場合は便宜的に「共創とは一言で言うとPPP・公民連携のことです」というような説明をすることはありますが、その本質においては異なる部分があるという認識を持って「共創」という言葉を使用しています。

　その違いを理解していただくために、まずは、民間と行政の連携全般について、あえて公民連携ではなく共創という言葉を使っている横浜市が、その理由や本質について詳細な説明をしている部分を紹介します。

　横浜市は、共創の推進における基本的な考え方などを定めた『共創推進の指針』の中で、共創を「一歩進んだ公民連携」を意味するものとし、従来の公民連携における課題を踏まえたうえで次のように説明しています[6]。

　　これまでの公民連携では、行政がみずからの知識・経験の範囲

5　本章では、手法の種類や分類を分かりやすくするために、一般的・形式的な民間と行政の連携を表す意味で、また、引用元などの表現を尊重するため、民間と行政の連携を示す表現について、「共創」だけではなく「PPP」や「公民連携」という言葉も特に多く使用していますのでご理解ください。

6　横浜市『共創推進の指針〜共創による新たな公共づくりに向けて〜』（2009）、3ページ

内で最適と考える事業スキームを構築し、詳細な条件設定をあらかじめ行ったうえで民間事業者を募集するケースが多い状況です。そのため、市場の実情にそぐわず充分な民間提案が得られなかったり、民間事業者に過度な負担を強いることになったり、民間の持てるノウハウやアイデアを充分に活かしきれていない、といった課題がありました。

　そこで、従来の行政主導型の公民連携事業から一歩前進し、民間のより主体的な参画や発意を求め、行政と民間が双方向のコミュニケーションを通じて、それぞれの知識やノウハウ、その他保有している経営資源を最適な形で組み合わせることにより、優れたサービスを効率的かつ持続的に提供できるよう、異なる価値観の積極的相互作用を通じて新たな価値を創出し、行政と民間で「公」を共に創っていくことが市民にとって有効であると考えられます。

　そのためにも、既存の公民連携手法にとらわれることなく、民間事業者のビジネス活動を市民のためにどう役立て、社会課題の解決を図るかというより大きな視点に立ち、優れた民間のアイデアを広く募り、新たな公民連携手法の開発を含め更なる進化を図る必要があります。

　この説明によれば、「共創」という言葉については、従来型の公民連携の課題を踏まえて、それを一歩進んだものとするには民間と行政で公共を「共」に「創」ることが有効であることから、それを表す意味での表現であることが分かります。

　しかし、違いは単に言葉の違いだけではありません。

　この記述にはその違いを理解するうえで大切な要素が多々含まれていますが、特に重要なのが「従来の行政主導型の公民連携事業から一

歩前進」という部分で、この背景には、日本の公民連携（PPP）を巡る大きな問題である「官の決定権問題」が存在するのです。

　官の決定権問題とは、東洋大学教授の根本祐二氏が提唱したもので、公民連携事業の意思決定プロセスにおいて民の意向が反映されずに、費用対効果を発揮するという意味で劣っている官の知識のみで決定されてしまうという問題のことです。この問題は、主に公共施設の整備・運営による公共サービス提供などのハード系分野の場面で顕著に発生するものだと考えられますが、その基本となる考え方は、人や仕組み、運用などが中心となるソフト系分野も含めて、本書における共創を理解するうえで非常に重要な視点になりますので、しっかり理解をしてもらえるよう、以下、根本氏の論文から該当部分を引用します[7]。

　　PPPでは官と市民の間に民が介在する。官は、市民との間で直接活動するよりも、民に依頼し自分の目的を代理して履行してもらう方が費用対効果（以降VFMと言い換える）が高いと考えるが故に、PPPを用いることになる。この場合、当該活動に関しては、民の方が、より多くの情報を保有しより適切な判断ができることを認めていることになる。

　　しかしながら、実際には、PPPプロジェクトの開始にあたっては、相対的に適切でないはずの官がイニシアティブを握っている。事業の内容、規模、立地およびPPPで行うかどうか、また、PPPで行うとした場合にどの手法を採用するかの一連のプロセスに民が入ることなく、官が一方的に決めている。

....

7　　根本祐二「PPP研究の枠組みについての考察（2）」、『東洋大学PPP研究センター紀要第2号』（2012）、4～5ページ

官が意思決定することによって、本来であればより高いVFMをもたらしうるにもかかわらず、低いVFMで止まってしまう可能性が生じる。（中略）官の決定権問題とは、官が市場原理を熟知しないことと、市場原理を知っていても無視あるいは軽視することによってもたらされる。

　公民連携のプロセスにおいて、重要な方向性を決める当初の意思決定について民間の意見を反映せず行政のみで決める形は、行政にとっては法令や各種ルール、意識や感覚のうえでは正しいのかもしれません。ですが、根本氏の見解を踏まえて一般常識的に考えれば、行政サイドの知識やノウハウが民間より乏しい場合であっても、行政主導でことを進めることは、合理性がないように思えます。例えば友人たちと海外旅行に行く場合に、旅行先に関する知識や経験が一番乏しい人にプランを任せるようなものですが、それはたいてい残念なことになりますよね。

　横浜市は、このような問題認識を踏まえて、従来型の行政主導型の公民連携から一歩踏み出し、民間と行政が、事業の早い段階から対等な対話をし、事業を構想していくことこそが公民連携の本質であると考え、横浜市が行う民間と行政の連携は基本的にこの本質を踏まえながら行っていくものと定め、それを強調する意味であえて「共創」という言葉を使用しており、これは筆者も同様のスタンスです。

　では、なぜ我が国の公民連携においては、官の決定権問題のようなギャップが生じてしまうのでしょうか。

　行政学の専門家の意見や文献、筆者が共創に長年関わってきた経験に基づく認識などを踏まえると、概ね次のような経緯と原因があった

ものと考えられます[8]。

1980年代以降、英国をはじめとした欧米諸国では、市場原理・民間経営の視点を取り入れて公共部門のスリム化・効率化を図ることや、公共的な業務を官から民へ移行させることなどにより、行政の効率性を高めるニュー・パブリック・マネジメント（NPM）が取り入れられてきました。その後、NPMの成果と問題点などを踏まえたうえで、公共サービスの質的改善のために行政・民間企業・市民のパートナーシップを重視する、新たな公共づくりの枠組みとしてPPPが発展してきました。

日本でも、このNPM以降の、公共サービスに対して民間の経営ノウハウや資金を導入して効率化・高度化などを図る、という流れを取り入れてさまざまな行政改革を行うとともに、現在の代表的な公民連携手法であるPFI（Private Finance Initiative）[9]、指定管理者制度[10]などがルール化され、導入されてきています。

NPMからPPPに至る行政経営の考え方の大きな転換の本質は、民間の経営ノウハウを公的部門に導入し、市場メカニズムの活用と行政マネジメントの近代化を図ることです。例えば、行政が顧客主義に基づいてマーケティングなどの価値創造プロセスを意思決定システムに取り入れるべきことや、公民がパートナーシップによる公共づくりへの共同参加意識を持ち実行すること、などが重要になってくるわけで

8　ここでは、以下の文献を参考にしています。①　宮脇淳『公共経営論』（2003、PHP研究所）、②大住荘四郎『ポストモダンの組織・地域開発ポジティブ・アプローチの実践』（2012、日本評論社）、③　佐々木信夫『日本行政学』（2013、学陽書房）

9　公共施設などの設計、建設、維持管理、運営、改修などを民間の資金、経営能力及び技術を活用して行う公民連携手法。

10　住民の福祉を増進する目的をもってその利用に供するための施設である公の施設の管理運営に、民間事業者などが有するノウハウを活用することにより、住民サービスの質の向上を図っていくことで、施設の設置の目的を効果的に達成する公民連携手法。

すが、それらを実行していくためには、従来からの行政のあり方や意識、さまざまなルールなどを変えていくことが必要になります。

しかしながら、前節で述べた通り日本ではこの従来からのやりかた、つまり公共をつくる主体は官のサイドであり、行政が指示し民間が作業を行うような明確な役割の違いが基本であるとする官民二元論や、官の決定権問題の背景にあるような官庁型意思決定プロセスなど、これらをほとんど変えずにNPM以降の流れを受け入れてきてしまったため、本質とはズレた、例えば、従来からの業務委託とあまり変わらない、単なる官から民への仕事の機能部分の移転のような形の公民連携が行われるようになってしまったのです。

読者の皆さんが、民間と行政の連携に取り組む場合には、本節で取り上げた問題意識を知ったうえで仕組みづくりや実践に取り組んでいただくと、より共創の本質に近い連携になるものと思います。

なお、本節の最後に誤解のないようにあえて書きますが、民間と行政の連携を表現するにあたり、決して公民連携などの共創以外の用語を否定しているわけではなく、当然、使用することが間違いだと言っているわけではありません。

筆者の趣旨は、従来型の公民連携の問題点を理解したうえで民間と行政の連携を進めるほうが、より本質的かつ効果的なものになるのではないかという視点を、共創という言葉で提示しているものであり、その視点を持って取り組むのであれば、その表現自体は共創でも公民連携でもPPPでも全く構わないと考えています。

この点も、共創を理解するためには、ぜひ知っておいてほしいところです。

第3節　公民連携手法の種類と分類

　現在、日本で一般的に導入されている公民連携の手法は、おおむね次のものであると言えるでしょう。

① PFI及びそれに類する公共施設などの整備・改修・運営手法

② 指定管理者制度

③ 公有地・公有建物の民間活用

④ 広告・ネーミングライツによる公有資産などの活用

⑤ 市場化テスト

⑥ その他、行政業務のアウトソーシングや包括的民間委託など

　国におけるPPP／PFI推進の内容を見ても、基本的には公共の土地や施設、インフラの整備・改修・運営に関する取組を中心に、上記の手法の一部を活用することを前提としていると考えられます。

　横浜市においても、現在では主に①〜④の手法を、前述の共創の視点を踏まえながらさまざまな施策・事業に導入しています。

　これらの手法は、行政のさまざまな活動や住民サービスに民間の知恵とノウハウを導入していく、という面で効果があることは言うまでもありません。

　しかしながら、これらの手法のうちの多くは、前節で取り上げた問題点を含んだ形での仕組みとなってしまっていることが多いのが現状です。例えば、官の決定権問題で言われている、そもそも民間と行政の連携手法を活用するか否か、連携で行う場合にはどの手法を採用するのが最適か、その内容・規模・立地はどうするか、などといった連携のプランニングの時点、つまり川上の部分から民間の知恵や力を活用できる仕組みにはなっておらず、そのため実務上もそれに従って動いてしまいます。

筆者はこれまでの経験上、前節で述べたような共創の本質を仕組み
に落とし込んで実践していくためには、これら一般的な手法に加えて、
① 行政からの発注（公共工事・業務委託・各種PPP・資産売却や貸
　　付けなど）の前段階として企画提案を受けるもの（PFI法に基づ
　　く民間提案制度も含む）
（1）公有資産などの利活用や各種行政施策・事業の企画検討にあた
　　り、事前に民間の意見を聞くサウンディング調査
（2）民間提案を受ける仕組み（連携のコーディネートなども含む）
② 行政からの発注以外の形の連携につなげるもの
③ 民間と行政の対話の機会や場（フューチャーセッションやリビン
　　グラボなど）
などといった、連携の川上部分から民間の関与を可能とする、新た
な手法を取り入れることが不可欠であると考えています。
　このことは、実際に、横浜市が共創の推進にあたって、これら新た
な手法を開発・運用し、さまざまな部署の施策や事業において数多く
活用して効果を上げていることや、近年さまざまな地方自治体が民間
提案を受ける窓口を開設したり、サウンディング調査を取り入れてき
ていること。また、国においてもPFI法の改正により民間提案制度を
導入したり、地方自治体向けのサウンディング調査の手引き[11]を公表
するなど、前節で取り上げた問題点を解消する取組が各所で進んでい
ることからも、理解していただけると思います。
　前出の根本祐二氏は、官の決定権問題の回避の知恵として「民間提

11　国土交通省総合政策局『地方公共団体のサウンディング型市場調査の手引き』（2020年
　　4月1日最終アクセス）
　　https://www.mlit.go.jp/sogoseisaku/kanminrenkei/sosei_kanminrenkei_fr1_000053.
　　html

案」と「市民参加」を挙げていますが[12]、まさにこの部分を仕組み化し実践することが、共創を本質的に進めていくためには大切なのです。

　なお、筆者は独自の視点からこれら民間と行政の連携手法を分類・整理しています。

　その視点は「ビジョン（Vision）」と「ファンクション（Function）」です（図3）。

　ここでいうビジョンとは、理想像や未来像、そしてそこに至る見通しや構想のこと、ファンクションとは、物事に備わる機能や働きのことです。

　およそ何らかの事業や取組といったものは、まず、それをなぜやるのか？　目指すものは何なのか？　解決すべき問題・課題は何なのか？　どういうストーリーで行うか？　などといったビジョン的な要素（40ページのWHY～HOW）が先にあり、そのビジョンを実現するためのファンクションである機能や働き（40ページのHOW～WHAT）が伴い、両者が一連のものとして組み合わされてこそうまくいくはずです。

　特にビジョン部分は、筆者が共創の重要な要素の一つであると考える、関係者間の「共感」を得ていくために不可欠なものです。

　筆者は、この視点に基づいて、公民連携手法を性質により大きく二つに分け、事業のファンクション部分について民間の知恵や力を活かして、その効率化・高度化をすることが中心になっている性質のものを「ファンクション活用型公民連携」とし、事業のビジョンづくりの部分から民間と行政が連携する、あるいはファンクション型のビジョンづくり部分を補完する性質のものを「ビジョン創出型公民連携」としています（図4）。

12　根本、前掲論文、5ページ

あえて、このような分類をしている理由ですが、まず各手法の性質をビジョンとファンクションの観点から二つに類型化し名付けることで、本章で取り上げてきたような問題意識を見える化するため、そして、この二つの性質は車の両輪であり、ビジョンからファンクションという事業に必要な一連の流れを意識して進めることが、本質に基づく共創を実践していくために大切であることを強調するためです。

　組織目的や行動基準などにおいて異なる立場を持つ民間と行政が、共創事業を構想し実行していくためには、まずはビジョンという事業のコアな部分から対話を行うことでしっかりと共感を得たうえで、適切なファンクションを構築していかなければ、複雑多様な課題の解決に資する創造的なイノベーションは生み出せないと考えています。

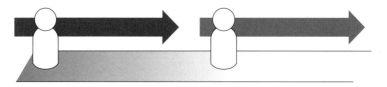

**横浜市における公民連携(共創)手法を活用するフェーズ
(ビジョン/ファンクション)**

ビジョンを設定するフェーズ	ファンクションの効果を発揮していくフェーズ
⇒共創フロントへの提案 ⇒共創ラボ・サウンディング調査などの対話の場	⇒PPP/PFIにおけるVFM(Value For Money)の最大化 ⇒指定管理者制度による民の力を活用した施設運営

図3：公民連携手法と活用フェーズ

類型1　ファンクション活用型公民連携
ファンクション部分について、民間の知恵や力を活かして、その効率化・高度化をするもの

①	PFIなどの、公共インフラ・施設の整備・改修・運営を行う手法
②	指定管理者制度
③	公有地・公有建物の民間活用
④	広告・ネーミングライツによる公有資産などの活用
⑤	その他、市場化テスト、民営化など

類型2　ビジョン創出型公民連携
ビジョン創りの部分から、民間と行政が連携するもの

①	行政からの発注（公共工事・業務委託・各種PPP・資産売却や貸付けなど）の前段階として行われるもの	
	(1)	サウンディング調査
	(2)	民間提案の仕組み 【PFI法に基づく民間提案制度も含む】
②	民間提案の仕組み (行政からの発注以外の形の連携につなげるもの)	
③	公民対話の機会・場 (フォーラム、フューチャーセッション、リビングラボなど)	

図4：ファンクション・ビジョンの視点による公民連携手法の分類

共感を生むWHY設定、ゴールデン・サークル理論

　共創事業を創っていく上でのキーファクターの一つが「共感」です。この共感を得ていくための考え方はさまざまありますが、本コラムではその中でも非常にシンプルで腹落ち感のある「ゴールデン・サークル理論」についてご紹介します。

出典：サイモン・シネック
『優れたリーダーはどうやって行動を促すか』（TED）より

大脳新皮質

大脳辺縁系

ゴールデンサークル

　これは世界的なコンサルタントのサイモン・シネック氏が提唱するもので、氏の著書『WHYから始めよ！』（2012、日本経済新聞出版社）やTEDカンファレンス[13]でのスピーチが話題となりました。サイモン氏は、キング牧師、ライト兄弟、スティーブ・ジョブズ氏など、人々をインスパイアしてやまない多くのリーダーは、その行動原理であるWHY（なぜやるのか）が強固に設定された上で、HOW（どのようにやるのか）やWHAT（なにをやるのか）が地続きで構築されている、と解説しています。ゴールデン・サークルは、WHYを中心として、それを囲うHOW、WHATと続いており、その構造は脳の大脳辺縁系（感覚的な思考、本能・

────────────

13　米国のTEDが開催する、世界中のさまざまな著名人による、広める価値のあるアイデアが講演される世界的講演会

自律神経・記憶をつかさどる）から大脳新皮質（合理的で分析的な思考、言語機能をつかさどる）へ、という生物学的な特徴と絡めて解説されています。

　専門知識不要で極めてシンプルなフレームワークであるため、事業開発や組織運営のみならず、PRや課題解決、社会活動からデートのお誘いに至るまで、「何かを発想して実現させていく」さまざまな場面で応用できる考え方ではないかと思います。

　さて、ここからは筆者が実際の案件に当てはめて解説することで、ゴールデン・サークル理論と共創事業構築の親和性を感じてもらいたいと思います。事例11（105ページ）で紹介する「地域まちづくりにクラウドファンディングを活用」ですが、筆者がこの手法検討のプロセスをゴールデン・サークルに当てはめた図があるので、そちらを横目にWHY・HOW・WHATの関係性やポイントを見ていきましょう。

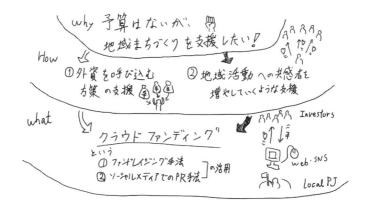

・WHY（なぜ取り組むのか）

　課題へのアプローチを考えるときも、これだと思えるWHYを導き出すことが第一です。今回のように "矛盾" の打破や "わがまま" を実現する動機である場合、その訴求力がより強いものとなります。

・HOW（どのように実現させるのか）

　次に、実現に向けた柱を考えていきます。具体的な取り組みを帰納する、大きな方向性です。WHYにおける矛盾・わがままにもなっている2つの要素を列挙し、分岐します。

　①地域活動に外資を呼び込む方策を支援
　②地域活動への共感者を増やしていく支援

・WHAT（実現させるためになにをするのか）

　HOWの二つの要素を満たし、それらのベクトルの延長にあったのが「クラウドファンディング」というWHATです。クラウドファンディングは、資金調達手法でありかつPR・コミュニケーション手法であるため、今回のWHYとの親和性の高さを感じていただけるのではないでしょうか。

　ちなみに、このマッチングシステムを経て案件化した各プロジェクトについても、突き詰められたWHYと、そこへの多くの共感・賛同により、資金調達を実現させています。

　もし、WHY設定をせず、単に「資金調達をどのように行うか」というWHATの検討を進めていた場合、おそらく共感までの道のりは遠く、クラウドファンディングという手法選択への必然性・腹落ち感は半減していたのではないでしょうか。

　共創事業を構想する際には細かな軌道修正をしながら検討を進めることも多く、「なんでこの事業やるんだっけ？」と迷うことがあるかもしれません。そんな時には、「WHYからストーリーを語れるか」と自分に問いかけてみてください。事業のブレを正すことのきっかけになるかもしれません。

第4節　本書で取り扱う共創手法の範囲

　さて、これまで共創の定義を明確にしたうえで、共創を巡る重要な論点などを取り上げてきましたが、本章の最後では、本書で取り上げる共創手法の範囲を明確にしておきます。

　共創を進めるための具体的な民間と行政の連携手法は、前節で取り上げた通り、PFIなどのファンクション活用型から民間提案制度などのビジョン創出型まで、さまざまなものがあります。ちなみに横浜市においては、それらの手法全般を、その性質や方法が許す限り共創推進の指針に基づき、共創の視点で横串を通して活用することを原則としています。

　しかし、本書ですべての手法を取り上げていくには、例えばハード系分野やソフト系分野といった性質や、それに伴う方法などに大きな違いがあることから、分野が広すぎます。

　そこで、本書では次の考え方に基づいて記述を進めていきます。

　まず、共創の本質や考え方、留意点、ノウハウなどに関する記述で、手法・分野を問わず民間と行政の連携に共通する部分は、横浜市の上記の原則同様に手法・分野を超えて、性質上可能な限り該当するものとしてお読みください。

　しかし、個別の事例や案件形成の進め方などの取り上げ方については次の通りとします。

　まず、筆者がファンクション活用型と位置づける、法令・ガイドラインや先行研究・文献が充実し、手続的にもルール的にも一定の方法が確立しているPFIや指定管理者制度、広告・ネーミングライツ事業に関しては基本的に取り上げません。

　また、ビジョン創出型でも、既に国の手引きが作成されているサウンディング調査、及び、国内外で数多く実践され、知見やノウハウが

蓄積・公開されているフューチャーセンター的な対話の場、これらの手法については必要に応じ適宜触れる程度とします。

　本書では主に、これまで体系的な整理がなされておらず、一定のルールやガイドラインなどがほとんどない分野である**「民間と行政のコミュニケーションを契機に、民間と行政の間で、何らかの形で提案され構想されていく、特定の形がない連携」**に関する共創を取り上げていきます。横浜市の共創の実績においても同様ですが、この分野に関係する共創の取組みは全国的に最も案件数が多く、また、柔軟性が高いことから幅広い課題の解決に資するさまざまな可能性が期待できるのですが、その一方で、さまざまなバリエーションがあり得ることから未だまとまった整理がなされていません。そのため筆者が全国各地で講義を行う中でさまざまな公務員や企業人の悩みを聞くことが多いことから、この範囲に特化して、現状レベルの知見をまとめ取り上げることが現在必要であるとの判断に基づいているものです。

　なお、前節で示した分類（図4）で見ると、さまざまなバリエーションがあるため例外はありますが、基本的には「類型2－②」にあたるものになります。

【共創研究室】

　この「共創研究室」では、筆者が全国で講義を行った際に良く受ける質問、つまり皆さんの困りごとになっている「共創あるある」を、共創を研究する架空の大学研究室の教授と社会人学生の対話形式で、分かりやすく紹介していきます。

　ここで取り上げるテーマと内容は、本文ではなかなか取り上げにくい、論理的というよりは、あくまで筆者の感覚的なものが中心になります。

　共創には柔軟な発想が大切ですし、問題点を炙り出すためにあえて少し極端な事例を出したりしていますので、肩の力を抜いて、本文よりも気楽な感じでお読みください。

【共創研究室のメンバー】

教授　　　：共創の研究を専門にするＸ大学の教授、数百件の共創事業の
　　　　　　コーディネート・コンサルティングを経験。

学生Ａ　　：某地方自治体からＸ大学に派遣されている社会人学生。ちょっ
　　　　　　と真面目すぎる性格。

学生Ｂ　　：某民間企業からＸ大学に派遣されている社会人学生。真剣に学
　　　　　　んでいるが微妙に軽い性格。

共創研究室①

テーマ：民間に任せるのは危ない!!
　　　　行政直営が安全安心では？

学生Ｂ　「この前、ある地方自治体に共創事業の提案をしたら、民間は危
　　　　　ないから、公共的な事業を一緒にやるのは無理！　って言われ
　　　　　ちゃったんです」

教授　　「まあ、あちこちでよく聞く話だよね」

学生Ａ　「でも、民間は営利目的だし、儲けが無ければ撤退するかもしれ
　　　　　ないし、そういう見方の行政があるのも仕方ないか」

教授　「今日の飲み会の場所はどこ？　電車で行くんだっけ？」

学生A　「いきなり何ですか。今日は渋谷の居酒屋Z。みんなで私鉄で向かいますが、Bさんの相談は無視ですか？　そんなに飲みたいんですか」

教授　「ごめんごめん。まあ、実はあえて聞いたんだけど、日本には公営の居酒屋って基本ないし、電車は私鉄も多いよね」

学生A　「それはそうですね」

教授　「飲食物を公衆に提供したり、交通手段を提供したりするのも、ある意味パブリックなことじゃないかな。民間に公共的な意識が無かったら怖すぎて外食もできないし電車も乗れないよね」

学生B　「そうそう、民間だって問題が起きれば下手したら経営に悪影響が出るわけだし、企業は社会の公器って言われるように、一定の公共性は持って仕事してると思うけど」

学生A　「それはそうですけど、やはり民間は利益優先で公共性は二の次にされちゃうんじゃないですか」

教授　「さっきの例は、単純な二項対立で物事を考えると思考の幅が狭まるってことで、あえて極端な話をして申し訳なかったのだけど、今の二人の発言につながったのならよかった。
　　　　この民間は危ない議論のキモは、民間は行政と違って利益追求が優先で、公共性はあっても二の次にしちゃうのではないかという、社会の恐怖心なんじゃないかな」

学生B　「そうだとすると、共創事業だって怖いからやめようってなっちゃいますよね」

教授　「そうならないように、PPPのポイントの一つは、契約によるガバナンスと言われているんだ。確かに民間は利益を上げないといけないから、Aさんが言っているような可能性は100％無いとはいえない。だから、民間と行政が連携する場合は、利益と公共性のバランスを取るためにしっかりと対話したうえで、契約などでお互いを縛ることが大事になってくるんだよ」

学生A 「確かに、コスト面もノウハウ面も、もう何でも行政が担える時代ではなく、民間と行政の共創はこれから不可欠だとは思うので、そういう形で統制する場合も増えるでしょうね」

教授 「そうそう、これから私たちが直面していくさまざまな課題は、いろいろな人たちの知恵と力を結集しないと解決は難しいってことに議論の余地はないよね。だから、これからの公共を創っていくには、公民がお互いの良い所をしっかり見て知恵と力を出し合うことがまず大切で、その中で、公共性の確保の部分やどうしても問題が発生しちゃいそうなところは、しっかりと仕組みやルールで統制することを忘れてはいけないんだ」

学生A 「我が家は小遣いの額が決められてるし、妻に使い道の報告もしているから、しっかり統制されていて、変な使い方はできないもんな。でも僕の良い所を家族は見てくれているのかな？」

教授 「さすが真面目だなあ。まあ、ご家族については自分で頑張って……。さて、のども渇いたし、我々も民間の居酒屋に私鉄で向かおうか（笑）」

1　身近な共創事例を調べる

(1) 自分の身の回りで、公共領域の取組を民間又は民間と行政
　　が連携して行っている事例がないか、調べてみましょう。

(2) 雑誌やインターネットなどで、公共領域の取組を民間、又
　　は民間と行政が連携して行っている事例を探してみましょ
　　う。

2　新しい連携アプローチを考える

(1) NPMやPPPについて、海外（英国をはじめとした欧米諸国
　　やその他各国）ではどのように導入・実施されてきたか、
　　調べてみましょう。

(2) 官の決定権問題に起因して、民間や行政にとって具体的に
　　どのようなデメリットが生じるか考え、議論してみましょう。

3　公民連携の基本的アプローチを調べる

(1) PFIや指定管理者制度などの公民連携の基本的な手法につい
　　て調べ、基本的な理解を深めましょう。

(2) コラム①にあるゴールデン・サークル理論の書籍やインター
　　ネット記事などを調べたうえで、組織や事業におけるビジョ
　　ンの重要性について議論してみましょう。

第2章

共創に取り組む必要性

ここでは、私たちがなぜ共創に取り組むことが必要なのか、ということについて、まず地方自治体についての視点として「横浜市の状況」、また、より広く日本国内についての視点として「地方創生」、そして、グローバルな視点として「SDGs」、これらさまざまな視点から見ていきたいと思います。

第1節　地方自治体の視点（横浜市の状況）

　横浜市と聞くと、一般的には、みなとみらい21地区や中華街、山下公園などの都心臨海部と呼ばれる、ベイサイドエリアのお洒落で賑やかなまちをイメージされると思います。

　しかし、およそ375万人もの人口を抱える日本最大の基礎自治体であることから、都心臨海部以外に住宅地域や工業地域、農業地域なども多くあり、18ある行政区も異なる特徴を持つ多様性を持ったまちです。そのため、地方部に特有な課題を除き、ある程度地方自治体の抱える課題を包括しているものと思われます。

　そこで、まずは地方自治体の課題を広く知る手掛かりとして、横浜市が2030年を展望した中長期的な戦略などを取りまとめた計画から、横浜という地域を取り巻く状況を表すキーワードを抜き出してみましょう（図5）。

　日本の各地域も、程度の違いはあれど、およそ似たような状況かと思われますが、ここでは、特にさまざまな社会・地域の課題の原因となってくる人口減少・超高齢社会と、大きな財政支出を伴う公共施設の老朽化についてのデータを見てみましょう。

　図6は、横浜市の人口の推移と推計ですが、2019年をピークに人口

1	人口減少社会の到来 超高齢社会の進展
2	都市間競争の加速
3	グローバル化の進展 産業構造の変化 技術革新
4	文化芸術への関心の高まり
5	花と緑にあふれるまちづくり 地球温暖化対策など環境分野の取組の加速
6	交通ネットワークの変化
7	郊外部の活性化
8	地域コミュニティの活力向上
9	防災・減災意識の向上 あらゆる災害への対応の強化
10	公共施設の老朽化
11	戦略的・計画的な土地利用

出典：横浜市『横浜市中期4か年計画2018〜2021』

図5：横浜を取り巻く状況

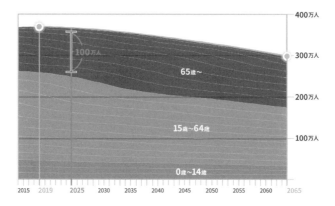

2019年をピークに、2065年には300万まで減少
2025年には65歳以上が100万人

図6：横浜市の人口推移・推計

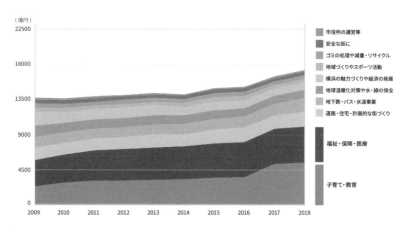

「子育て・教育」「福祉・保健・医療」の割合が増加

図7：横浜市の財政支出の推移

52

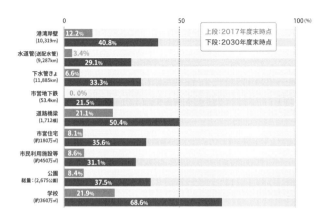

港湾岸壁
(10,319m)
12.2%
40.8%

水道管(送配水管)
(9,287km)
3.4%
29.1%

下水管きょ
(11,885km)
6.6%
33.3%

市営地下鉄
(53.4km)
0.0%
21.5%

道路橋梁
(1,712橋)
21.1%
50.4%

市営住宅
(約180万㎡)
8.1%
35.6%

市民利用施設等
(約450万㎡)
8.6%
31.1%

公園
総量:(2,675公園)
8.4%
37.5%

学校
(約360万㎡)
21.9%
68.6%

上段：2017年度末時点
下段：2030年度末時点

整備後50年以上経過する施設の割合が急増

図8：横浜市の公共施設の老朽化の状況

減少局面に入り、15～64歳の生産年齢人口が減少していくと同時に、65歳以上の老年人口数と割合が増加します。2025年には老年人口が100万人を超えると予想され、その後人口の約3分の1が高齢者という状況になります。

　図7は過去10年間（2009～2018）の財政支出の推移ですが、社会情勢や人口構造の変化に伴い、子育て・教育や福祉・保険・医療に関する支出額と割合が特に高くなってきており、当然ながらこの傾向は今後一層顕著になっていきます。

　図8は、公共施設老朽化の現状と将来を比較したものですが、高度経済成長期を中心に急速に整備した公共施設やインフラが、今後急激にまとめて老朽化していくことが分かります。

　これらのデータから想像できる未来は、地域に住む誰もがこれまで経験したことがなく、正しい答えや解決策がない未知の世界ですか

ら、その解決には新たなイノベーションが不可欠になってくるはずです。

　例えば、これらのデータを先端技術活用の視点から見てみると、生産年齢人口の減少に対応するために、先端技術を活用して民間や行政の生産性を向上させることや、医療費や介護費などの伸びを緩やかにするために予防につながるような新たな取組を導入すること、介護される側・介護する側の技術的・身体的負担をAIやロボットなどで軽減すること、公共施設やインフラの老朽化を効果的にマネジメントするために画像解析やセンシング技術などを取り入れることなど、少し考えてみるだけでもさまざまな課題やそれに対応するイノベーティブなアイデアが想像されるでしょう。

　ただし、このような取組の多くは大抵チャレンジングだったり未知な取組だったりします。それゆえに、なかなか従来型のルールや仕組みでは対応できない場合もあるでしょうし、民間・行政それぞれが単独の発想・知恵・力だけで効果的に実行するのは難しいことが多いと思われます。

　このような場合にこそ、共創によるオープンイノベーションによって多様な知的・物的資源を集め、対話によるアイデアの創出や共同研究・開発、地域をフィールドにした実証実験などを行っていくことが必要になってくると考えます。

　なお、ここでは、横浜市の状況を一例として挙げましたが、各地域においても、地方自治体の計画や統計をはじめ、その地域の現状や将来の状況などをまとめたデータが公開されています。

　これらには、共創のタネが意外と含まれていますし、地域の特殊性なども他の地域との比較により把握できたりします。行政だけではなく、共創に取り組もうとする民間事業者においては、まずは、このようなデータを調べて、共創のフィールドとしたい地域の基本的な状況

をしっかりと確認することが大切です。

第2節　地方創生の視点

　次に、日本国内の状況について、地方創生の視点から見ていきましょう。

　日本全体の人口は既に2008年ごろをピークに減少局面に入っています。それに伴い生産年齢人口は年々減少しており、高齢化率に関しても2018年時点で老年人口割合が約28％となるなど、先ほどの横浜市の状況よりも、かなり速いスピードで人口減少・少子高齢化が進んでいます。

　このような我が国の現状と未来において、活力ある日本社会を維持していく観点から進められてきたのが「地方創生」です。

　2015年から、国のビジョンに基づき日本各地で進められてきた地方創生ですが、第1期は2019年までとされ、2020年からは第2期が始まります。この第2期では、第1期に掲げられた基本目標や政策原則などは基本的に維持したうえで、これまでの検証と将来の見通しを踏まえて、次のような新たな視点が加えられています。

① 地方へのひと・資金の流れを強化する
② 新しい時代の流れを力にする
③ 人材を育て活かす
④ 民間と協働する
⑤ 誰もが活躍できる地域社会をつくる
⑥ 地域経営の視点で取り組む

各視点の詳細については、国の方針など[1]を確認してもらいたいと思いますが、これらを実現するには、その地方に無いもの・不足しているもの・埋まっているものなどを新たに創り出す・掘り出していく必要があります。そのためには④にあるように、民間・行政といった枠を超えた多様な組織や人々が共に新たな価値を創出するという共創の視点や取組が、ほぼ全般的に必要になってくるものと考えられます。

　地方創生の第1期は、主に国や地方公共団体が主体となって進められてきました。その中で住民や企業、NPOなどの民間主体が地域づくりを担う好事例が増えてきたことを踏まえ、第2期では地方公共団体主体の取り組みに加えて、民間の主体的な取り組みとの連携も強化することで一層の地方創生の充実強化を図るために④の視点が加えられています。このことは、地方創生における共創の必要性がストレートに見えてくるところと言えるでしょう。

　また、わが国の成長戦略[2]において、人口減少・少子高齢化社会が直面するさまざまな課題を克服し、さらにはピンチをチャンスに変えていく大きなパラダイムシフトの鍵とされる、デジタル化を原動力とした「Society5.0」の実現にむけた「未来技術」は、これからの地方創生における重要な横断分野としても位置づけられています。ここなどはまさに専門的な知見や資源を集める共創が不可欠になる分野でしょう。

　このように国の地方創生の方針を紐解くだけで、地方創生における共創の必要性は見えてきますが、より読者の理解を深めるために、参

1　『まち・ひと・しごと創生基本方針2019』（令和元年6月21日閣議決定）、ならびに『まち・ひと・しごと創生長期ビジョン（令和元年改訂版）及び第2期「まち・ひと・しごと創生総合戦略』』（令和元年12月20日閣議決定）

2　『経済財政運営と改革の基本方針2019 ～「令和」新時代：「Society5.0」への挑戦～』（令和元年6月21日閣議決定）

考になる具体的な視点を紹介します。

　事業構想大学院大学理事長の東英弥氏は、地方創生の二つの輪として「仕事創造」と「観光創造」の二つを提言し、さまざまな考え方やアイデアを挙げています[3]。

　東氏によれば、仕事創造では地域の一翼を担う新しい事業構想が不可欠であり、その具体例として主要産物の活性化、出身人材の活用、税制優遇と規制緩和、地場ビジネスコンテストなどの仕掛けなどを立体的に考える必要があるとしています。

　また、観光創造においては、どこの誰を地域に呼ぶのかという観点から国内と国外に分けたうえで、人を動かすために訪れる理由づくり──例えば国内向けには、誰でも好きなことには夢中になれるという点に着目し、地域の魅力や知財、風土、地形、伝統を活かして、鉄道の街、陶芸の街、武道の街、アニメの街、などといったファンが集まる趣味の街をつくること、海外に向けては美しい日本を訴求すること──などをアイデアとして挙げ、これら地域のコンテンツを活かした、一芸のある楽しい・工夫したまちづくりを行うこと。加えて、まちの美化や観光案内所・交通機関などの革新も必要としています。

　定住人口の増加に不可欠な仕事、そして、交流人口の増加に必要な観光、この二つの視点はまさに地方創生の重要な両輪だと考えられます。これに関する東氏の具体的なアイデアを見ても、民間だけや行政だけで対応できるものではなく、地域の多様なステークホルダーによる共創で、地域の総合力を十分に発揮することが問われている、ということが理解できるでしょう。

　私たちがこれまで経験したことのない多くの課題が生じるVUCA

3　東英弥「地方創生2つの輪　地方創生・実現に向けた提言　「仕事創造と観光創造」が重要に」『月刊事業構想12月号』（2014、事業構想大学院大学出版部）

な時代に各地方の活力を創り出していくためには、柔軟なアイデアやオペレーション、事業効果や持続可能性を高める先端技術の導入やビジネス視点の資金確保などが欠かせない要素であり、これらは当然ながら民間が得意な分野です。そして、それを地域で実行していくために、行政には、民間と共に共感できるビジョンやアイデアを創り、規制緩和などのさまざまなバックアップをすることで最適なファンクションがうまく働くようにし、公益性確保のために最低限必要なチェック・モニタリングをする、などといった、民間の力を活かすコーディネーター的な姿勢が必要だと考えます。

　地方創生には、まさにこれらをバランスよく混ぜながら取り組んでいくための共創が欠かせないのです。

第３節　SDGsの視点

　日本国内の状況の後は、SDGsを通してグローバルな視点からの共創の必要性を見てみましょう。

　SDGsは、2015年に国連で採択された、17のゴールと169のターゲットからなる持続可能な世界を目指す開発目標です。SDGs自体については既に多くの機会で解説がなされていますし、特に本書の読者の皆様にとって詳しい説明は必要ないものと思いますので、シンプルにSDGsから見た共創の必要性のみを説明します。

　このSDGsを共創の視点で見ると重要な特徴があります。それは、政府などの公的機関だけの目標ではなく、民間と公的機関の連携による目標達成が前提とされていることです。これは、ゴールの17番及びそのターゲット（17.17）において、官民のパートナーシップを推進することが位置づけられていることからも明らかです。

　実際に、17番以外の各ゴールやターゲットを細かく見ていくと、

地方創生と同様に、民間と行政が共に協力して取り組んでいかなければ達成できないような内容のものが数多く見つかります。これらを効果的に達成していくためには、まさに共創による取り組みが不可欠になってくるでしょう。

SDGsの目標は、行政から見れば、組織の目的・取り組むべき課題そのものですし、民間にとっても、SDGsを意識した経営を行い、CSRやCSVに取り組むことは、顧客や投資家の視点からも無視できないものとなってきていますので、今後、これまで以上に共創によるSDGsの取組が増えていくことが期待できると思われます。

第4節　共創にとっての目標の必要性

本章では、さまざまな視点から、私たちが共創に取り組む必要性について見てきました。

ここで、視点を逆にして、共創にとっての、SDGsや地方創生のような目標などの必要性について簡単に触れておきたいと思います。

民間と行政は、そもそも組織の目的や風土、ルールなどが大きく異なります。よく、民間と行政では言語が違う、通訳が必要などと喩えられますが、実際に共創のコーディネーターとして多くの現場に立つ筆者も、そのような感覚を持つことがままあります。

しかしながら、SDGsや地方創生といった、民間・行政共通のオフィシャルな目標があることにより、どのようなビジョンで共創をするのかという点について、性質や考え方が大きく異なる両者の方向性と焦点を同じ方向に向けることができるとともに、互いに共有・共感するための共通言語として使うことができます。

共創に取り組む読者の皆さんが、共創のビジョン設定や組織内外での説明にあたって悩まれたときは、SDGsや地方創生のように民間と

行政が共有できる目標などを読み込んでみると、共創の必要性を説明するヒントになるキーワードが見つかるのではないでしょうか。

● 演 習 ●

1　地方自治体の視点
(1)　自分や自組織が関係する地方自治体の各種計画や方針、予算、統計など、公表されている資料を調べ、その地域の現状や課題を整理してみましょう。
(2)　整理した現状や課題の解決には、どのようなアイデアやソリューションが必要になるか、共創の視点から、自分の立場にこだわらず自由に議論してみましょう。

2　地方創生の視点
(1)　民間と行政が連携して取り組んでいる地方創生の事例には、どのようなものがあるか調べてみましょう。
(2)　自分や自組織が関係する地域にはどのような良さや強み、資源があるのか、さまざまな視点から掘り起こしてみましょう。
(3)　共創の視点から、どのようなパートナー・活動と連携すれば、それらの良さや強み、資源が活用できるか、本書の事例や調べた事例などを参考に議論してみましょう。

3　SDGsの視点
(1)　民間と行政が連携して取り組んでいるSDGsの事例にはどのようなものがあるか調べてみましょう。
(2)　自組織の資源や活動を踏まえながら、共創の視点から、どのようなパートナー・活動と連携したら、SDGs推進に資する取り組みになるか、本書の事例や調べた事例などを参考に議論してみましょう。

第3章

横浜市における共創の推進

近年、本書でこれまで述べてきたような問題意識や共創の必要性などが、筆者が共創の取組に関わるようになった十数年前よりも、かなり広がってきていることを実感しています。

　実際に、ここ数年、民間か行政かを問わず、その連携やオープンイノベーションを目的とした組織や研究会、プロジェクトなどが、全国あちこちで立ち上げられるようになってきました。

　それに伴って、横浜市の共創推進室には全国から多くの視察者が訪れますし、筆者も全国各地の自治体や大学などでの講義を依頼されることが増えているのですが、よく質問を受けることの一つとして、横浜市の共創推進の経緯や体制があります。

　そこで、本章ではそれらについて紹介するとともに、関連して重要な視点となる、横浜市における共創の政策的位置づけや基本的な考え方などを取り上げていきます。

第1節　共創推進の経緯と推進体制

　横浜市は、地方自治体を取りまくさまざまな環境変化の中で、将来を見据えた現実的な対応をしていくためには、民間と行政の連携に積極的に取り組んでいく必要があるという認識のもと、それまで各局に分散して所管されていたPFIや指定管理者制度、広告・ネーミングライツ事業[1]などの、民間と行政の連携に関するさまざまな制度を一括して所管し、共創の推進をミッションとする専任部署である「共創推進事業本部」を2008年4月に設置しました。

　なお、事業本部とは、横浜市独自の組織体制で、特定の行政課題と

1　行政のさまざまな資産を、民間の広告掲載や愛称付与などにより有効活用し、その対価として広告料収入を得ることで、行政が租税とは異なる新たな財源を確保する事業。

その解決をミッションとした時限的なタスクフォースのことですが、共創推進の体制も当初はこの仕組みで3年という期限のもと設置されました。この期間では、従来からの制度についてガイドライン作成などのルール化や運用、改善などを進めながら、横浜市の共創推進の礎となる『共創推進の指針』の策定や共創フロントやサウンディング調査をはじめとする新たな手法の開発・実践を行い、多くの実績を積み重ねてきました。

その後、それらの成果を踏まえ、共創の取組は継続して行うこととなり、通常の市の組織体制として政策局内の一部署と位置づけられ、共創推進室と名称を変えつつ現在に至ります。

筆者の一人は、この立ち上げ段階から現在まで同部署に所属していますが、あらためて振り返ってみると、このような組織をつくったことでさまざまなメリットがあったと考えています。

例えば、

① 特定の事業ではなく、共創という理念や考え方の推進をミッションとする組織をつくったことで、柔軟な発想で新たな手法や取組を生み出しやすくなったこと
② 共創に関する経験やノウハウなどの集約化が図れたこと
③ 各手法や担当者の間のシナジー効果を生み出しやすくなったことなどといった効果が挙げられるでしょう。

また、同本部以来の共創推進室の組織的な特徴として

① 外部からは任期付公募採用者や人事交流者などの民間出身者、内部的にも民間企業経験や業務上で民間との連携の経験を持つ職員、その他専門的知識や経験を持つ職員など、バラエティーに富んだメンバー構成であること
② PFIや指定管理者制度などの手法別のライン体制を取りつつ、民間提案制度「共創フロント」や「共創フォーラム・共創ラボ・リ

ビングラボ」（各手法の詳細は次章を参照のこと）など、新たな発
想や価値を生み出すための民間と行政の対話の機会や場といった、
共創の本質に関わる取り組みに関しては、案件についての適性や
自主的な手上げに基づく希望などに応じて、室内のスタッフから
ライン横断的に案件担当者を抽出すること

などが挙げられますが、これらの特徴も、これまでの共創の推進に
寄与してきたものと考えられます。

　なお、市民や市民団体・NPOなどの主に非営利な民間セクターと
の連携を所管する市民協働の推進体制は、より以前からあったため、
共創推進事業本部はそれまで意識や取組が薄かった、主にそれら以外
の企業をはじめとした民間セクターとの連携を主な目的としてきてい
ます。ただし、この分担も時代が進むにつれ、かなりオーバーラップ
してきており、課題や取組に応じて柔軟に進めているのが実際のとこ
ろです。

第2節　共創の政策的位置づけ

　横浜市では、実験的・実践的な取組を通じてさまざまな事例を積み
上げていく中で、共創に関するさまざまな知見やノウハウを蓄積して
きたところですが、現在では、共創の推進は、市の基本計画において
も政策的に位置づけられています。

　現行の「横浜市中期4か年計画2018〜2021」では、計画を策定・
推進するにあたっての基本姿勢の一つとしてオープンイノベーション
の推進を位置づけたうえで、行政運営の一つの柱として社会課題や地
域課題の解決を図るために共創の取組を推進することが明記されてい
ます。

　そして、AIやIoTなどの先端技術やデータ活用などの進展が著しい

中で、それらの活用や共創の取組を全庁横断的に検討・推進する場として、副市長（CIO）を本部長としたオープンイノベーション推進本部を設置し、先進的・重要な公民連携プロジェクトの推進を図っています。

第3節　共創推進の基本的な考え方

　共創の取り組みを進めていくためには、民間と行政がお互いの認識についての理解を深め、共創についての考え方などを共有化することが重要です。横浜市においては、その役割を果たすのが「共創推進の指針」です。

　これは、民間と横浜市で共創を進めていくうえでの基本的な考え方を記したもので、民間と行政双方にとっての共創の指標となっています。共創フロントや対話の場を通じて行われる個々の共創事業の取組はもちろん、PFI、指定管理者制度、広告事業などの制度設計・運用など、民間と横浜市の連携に関することは、基本的に指針の考え方をベースとしながら進められています。

　「共創推進の指針」では、共創の基本的な考え方として、目的、原則、視点について、それぞれ次のように整理しています。

1　共創の三つの目的

　まず、共創により目指すべき公共の姿として、次の三つを掲げています。

① 質の高い公共サービスの提供

　公共施設などにおける公共サービスの提供にあたり、最適な手法と主体（事業者）が選定され、事業期間中においても十分な検証・モニタリングを踏まえた、質の高いサービスが効率的・効果的・持続的に

提供されていることを目指しています。

② 新たなビジネスチャンスの創出

　社会や地域の課題を民間と共有し、その解決を目指して、民間と行政が対話により互いのアイデアやノウハウを最大限に引き出し、活用していくことで、民間にとって新たな事業機会が創出され横浜経済が活性化されることを目指しています。

③ 横浜らしい地域活性化の推進

　新たに創出された共創事業が、横浜経済の活性化や企業誘致の促進、雇用機会の増大などにつながること。また、公有資産を積極的に活用し、機会損失が軽減されるとともに、公共サービスの充実や経済の活性化につながっていることを目指しています。

2　共創の四つの原則

　共創の目的を実現するために、四つの原則を定義しています。

① 対等・対話の原則

　行政は、民間の提案を積極的に受け入れるとともに、行政課題を自ら発信していくことで、相互にコミュニケーションを積み重ねます。また、できるだけ早い段階から民間と行政で対話を始め、ビジョンづくりから民間と行政が知恵を出し合うことが大切です。

② 目標共有の原則

　共創の取り組みを進めるためには、事業の目標を民間と行政が共有することが必要です。その中でお互いのメリットを見出し、WIN-WINの関係を構築します。民間と行政は、後述する共創の視点を共有しながら事業を進めます。特に、市民や利用者にとっての価値を向上させることを常に念頭におくことが大切です。

③ アイデア保護と透明性確保の原則

　行政は、民間の事業実現性の判断がしやすいように、十分な情報を

提示し、アクセシビリティの向上に努めます。オープンな過程の中で事業を進めることを基本としますが、民間アイデアなどについては、適切な保護に努めます。保護すべき情報以外は、広く社会に開示し、新たな公共の形成を目指します。

④ 役割分担と責任明確化

　民間と行政は、相互の持つスキルやノウハウ、リソースを明らかにし、相互の能力が最大限に発揮できるよう、お互いの役割とリスク分担を明確にします。事業全体を通じて、市は的確なモニタリングを行うことで、公共サービスの質を担保し、民間は「公」を担っているという意識と責任感を持ち、公共サービスを効率的・効果的に提供することに加え、社会への説明責任を意識しながら取り組みます。

3　共創の四つの視点

① 市民・利用者の視点

　市民や利用者にとっての価値を向上させることが、最も重要です。また、十分なモニタリングを行い、常により良い公共サービスが持続的に提供されるような仕組みの構築も必要です。

② 財務の視点

　単にコストが低ければ良いということではなく、効果との対比で考えることが重要であり、VFM（Value For Money）の考え方が基本になります。また、目先のコストや事業単独のコストだけではなく、中長期的なライフサイクルも踏まえたコストや関連する事業なども含めたトータルで考えるコトが大切です。加えて、事業を実施するうえでのリスクは、コストに影響することを認識し、適切なリスク分担を図ります。支出だけでなく、新たな歳入をもたらすスキームを考えることも必要です。

③ 成長・発展の視点

民間にとって採算に合わない無理な事業を行うのでは、新たな価値の創出につながらないばかりか、継続的なサービス提供も困難になります。民間にとっても発展につながり、WIN-WINとなるような事業を構築します。また、市にとっても民間と対話する中で、民間独自のアイデアや考え方に触れることで、意識改革やイノベーション、スキルの向上につなげていきます。

④　地域・社会の視点

　地域貢献、環境行動、雇用創出や市内企業の発展などのローカルな視点と同時に、刻一刻と変化する社会・経済情勢に柔軟に対応するため、グローバルな視点も必要です。

　なお、1-①や3-②は、主にPFIや指定管理者制度などのハード系の共創を念頭に置いた記述ですが、本書で主に取り上げているようなソフト系の共創事業においても、これらの視点は重要なものになります。

第4章

共創を推進する
対話的アプローチ
──手法と事例

第1節　共創推進の対話的アプローチとは何か

　共創を推進するための肝となってくるのが、前章で取り上げた横浜市の共創推進の指針でも重要な原則の一つと位置づけられている「対話」です。提案を具体的な実現に向けて検討していくための仕組みもあれば、連携のきっかけになるようなコミュニケーションづくりまで、横浜市ではさまざまな対話を場面に応じて活用しています。

　これらは、第1章第3節で述べた「ビジョン創出型公民連携」にあたる手法です。

　そして、これらの対話は共創事業を形にしていくためのエンジンとして機能していきます。共創事業を創り上げる際の具体的なプロセスについては、「公民共創事業構想サイクル（共創サイクル）」（図14、113ページ）の流れに沿って次章及び第6章で詳しく説明していきますが、本章で取り上げる各対話手法は、すべてこのサイクルの中に位置づけることができ、アイデア創出を促して連携を充実させていくべく、場面に応じて活用されています。

　本章では、これらの対話手法について解説したのち、共創事業のパターンを具体的な事例を通じて紹介していきます。

（1）共創フロント（民間提案窓口）

　「行政に連携の提案をしたものの、たらい回しにされた挙句に担当部署にはまともに話を聞いてもらえなかった」という話は、全国各地で聞きますので、いまだによく起こっている現象ではないでしょうか。

　横浜市では、この状況を「せっかく提案していただける機会を無駄にするのはもったいない…！」と捉えて、公民連携に関する相談・提案の総合窓口「共創フロント」を、全国に先駆けて2008年に開設しました。これは横浜市となにか連携したいことがあれば、いつでも相

談・提案をすることができる仕組みです。旅行者が困ったときにいろいろと相談ができるホテルのフロント・コンシェルジュをイメージしてもらうと分かりやすいかと思います。

　民間事業者から提案を受けた企画については、共創推進室が民間と行政各部署との間に入るコーディネーター・コンサルタントとなり、ワンストップで最適な形での連携を共に目指すという流れとなります[1]。

　ちなみにここ数年で、図9にあるように全国各地の地方自治体においても、同様な趣旨での提案窓口が増えてきていますが、これは共創に取り組む必要性が全国的に高まっている表れだと思いますし、民間サイドから行政に提案をするなら、やはり受け入れ体制が構築されている場所に話を持って行くほうが、手続的にも心理的にもハードルが下がるはずです。

(2) 対話の場・フューチャーセッション

　情報発信イベントの定番であるフォーラム形式による対話の場づくりは、共創の世界でもよく行われており、最新トレンドの共有、成果を共有する場、ネットワーキングのための交流の場などなど、その開催趣旨はさまざまです。

　共創のタネ蒔きの意味合いもあり、フォーラムの場をきっかけにして、新たな取り組みが自然発生することもあります。これは主催者側としては一番嬉しい展開かもしれません。

　横浜市では、開かれた公民対話の場として「共創推進事業本部」を

1　本書で取り上げている共創事業の事例は、ほとんどこの仕組みを経て実現したものであり、それら事例の詳細については次節で紹介します。

自治体（都道府県）	窓口名称（設置時期）	所管部署
横浜市（神奈川）	共創フロント（2008.6〜）	政策局共創推進室　共創推進課
岩手県（岩手）	マッチングシステム（2008.6〜）	総務部　行政経営推進課
神戸市（兵庫）	産学連携ラボ（2013.4〜）	企画調整局　産学連携ラボ
大阪府（大阪）	公民戦略連携デスク（2015.4〜）	財務部行政経営課　公民連携グループ
日野市（東京）	価値共創ポータル（2015.4〜）	地域戦略室　企画調整課
さいたま市（埼玉）	さいたま公民連携テーブル（2015.6〜）	都市戦略本部　行財政改革推進部
桑名市（三重）	コラボ・ラボ桑名（2016.10〜）	市長公室　まちづくり推進課
浜松市（静岡）	やらまいか！民間発案・提案（2017.4〜）	総務部政策法務課　経営推進担当
茨城県（茨城）	茨城県公民連携デスク（2017.4〜）	政策企画部計画推進課　総合計画
大阪市（大阪）	マルチパートナーシップの推進（2017.4〜）	市民局区政支援室　地域力担当企画連携グループ
世田谷区（東京）	官民連携事業（2017.4〜）	政策経営部　経営改革・官民連携担当課
豊島区（東京）	公民連携推進窓口（2017.6〜）	政策経営部　行政経営課
菊川市（静岡）	共創窓口（2018.2〜）	企画財政部　企画政策課
別府市（大分）	べっぷ公民連携LABO（2018.2〜）	共創戦略室　公民連携課
埼玉県（埼玉）	Sai-Co-Lo／サイコロ（2018.4〜）	企画財政部改革推進課　官民連携・行政改革担当
福岡市（福岡）	mirai@（ミライアット）（2018.5〜）	総務企画局企画調整部　企画課
河内長野市（大阪）	河内長野市公民連携デスク（2018.6〜）	総合政策部　政策企画課
松坂市（三重）	共創デスク（2018.8〜）	企画振興部　経営企画課
大東市（大阪）	公民連携のひろば（2018.10〜）	政策推進部　公民連携推進室
国立市（東京）	事業者提案事業（2018.11〜）	政策経営部政策経営課　資産活用担当
新潟市（新潟）	対話の窓口（2018.11〜）	総務部　行政経営課
立川市（東京）	官民連携に関する提案等の受付について（2019.1〜）	総合政策部　行政経営課
名古屋市（愛知）	名古屋だいすきカウンター（2019.4〜）	観光文化交流局　ナゴヤ魅力向上担当部　ナゴヤ魅力向上室
豊中市（大阪）	公民連携窓口（2019.4〜）	都市経営部　創造改革課
四条畷市（大阪）	新規提案フォーム（2019.6〜）	総合政策部　魅力創造室
戸田市（埼玉）	公民連携ファーム（2019.6〜）	総務部経営企画課　行政改革・公民連携担当
東村山市（東京）	民間事業者提案制度（2019.7〜）	経営政策部　資産マネジメント課
西尾市（愛知）	Cラボ・西尾（2019.8〜）	総合政策部企画政策課　企画担当
米子市（鳥取）	いっしょにやらいや（2019.9〜）	総務部調査課　行財政調査担当
飯塚市（福岡）	公民連携の窓口（2019.10〜）	行政経営部　公民連携推進室
富田林市（大阪）	富田林市公民連携デスク（2019.10〜）	市長公室　都市魅力創生課
仙台市（宮城）	クロス・センダイ・ラボ（2019.11〜）	まちづくり政策局　プロジェクト推進課
生駒市（奈良）	生駒市協創対話窓口（2020.3〜）	地域活力創生部　いこまの魅力創造課

掲載は窓口設置順。2020年3月時点　筆者調べ。

図9：各自治体での民間提案窓口

設置した平成20年度から、時流に合わせて内容を変えながら継続的に「共創フォーラム」を開催しています。最近のフォーラムは何らかのテーマに特化したものが多く、主に各分野の民間サイドの第一人者を招聘して訴求することで、広く関心・機運を高め、共創への理解者・協力者を増やしていくねらいがあります。民間と行政の連携分野は、世界的にも日進月歩であり、その最新情報の発信機会は重要となります。

　また、フォーラム後の交流会は、共創のネットワークづくりやタネの生み出しに役立っています。

　最近の開催テーマは次の通りです。

① テーマ『ソーシャル・インパクト・ボンド』

「ソーシャル・インパクト・ヨコハマ2019」

　〜子どもの居場所づくり・学習支援の取組から〜

　（2019年8月21日）

「第2回 ソーシャル・インパクト・ヨコハマ2019」

　〜こどもの健やかな成長を支援するための公民連携とデータ活用〜

　（2019年11月26日）

② テーマ『ラグビーワールドカップ2019™』

「ラグビーワールドカップ2019™を横浜でいかに迎えるか

　〜チャンスをしっかり活かすために　いまから準備すべきこと〜」

　（2019年7月24日）

③ テーマ『公共空間の活用』

「横浜と世界のパブリックスペース活用 Tactical Urbanism Japan スピンオフ」

　（2020年1月23日）

　他都市の事例も一つご紹介します。大阪府（公民戦略連携デスク）

が主催するこの「公民連携フォーラム」は、これまでの成果や具体的な連携手法について、企業・大学・市町村と共有し、今後のさらなる連携につなげていく趣旨で開催されています。筆者も何度か参加させていただいたのですが、本編はもちろん第2部の交流会まで活気溢れるフォーラムで、商人（あきんど）の町らしい自由闊達なエネルギーにいつも刺激を受けているところです。

　また、共創フロントが基本的に少数の提案者との対話が中心であるのに対し、複数の企業や団体と横浜市の対話により、横浜の未来に向けたさまざまな課題に対するアイデアやアクションを議論するのが「共創ラボ」です。これは、いわば横浜型フューチャーセッションともいえる対話手法で、現実的な未来について公民双方の立場から柔軟なディスカッションをすることでビジョンや課題を共有し、未来に向けたイノベーションの創出を目指していきます[2]。

　共創ラボの事例としては、「英オリパラのレガシーに学ぶ　横浜インクルーシブデザイン」のレポートが、月刊事業構想[3]に掲載されていますのでご覧ください。

　同じラボでも、より地域にフォーカスした対話の場が「リビングラボ」です。これは欧州を中心として広がりを見せている地域住民参加型の対話的アプローチで、生活空間（**Living**）である地域を中心に、

2　「フューチャーセッション」については、既に多くの事例や専門的なノウハウが公開されているため本書では解説はしませんので、興味がある読者は書籍やインターネットを通じて情報収集をしてみてください。

3　「英オリパラのレガシーに学ぶ　横浜インクルーシブデザイン」『月刊事業構想4月号』（2019、事業構想大学院大学出版部）
https://www.projectdesign.jp/201904/yokohama-kyoso-report/006219.php

地域課題とその解決策について話し合う実験的な場（Lab）を指します。

　住民・企業・行政など多様なステークホルダーがそれぞれ異なる価値を提供し、課題の共有のみならず解決を目指すもので、企業にとっては新たなビジネスチャンスの発見やテストマーケティングの場として、住民や行政にとっては新たな地域課題解決手法として、各方面から期待されています。時代の流れとともに変化していく、各地域の特徴や課題を象徴するような新たな動的コミュニティとして、横浜市内の各地で日々活動が行われています。

　「サウンディング調査」は、行政が持つ土地や建物などの公有資産の活用をはじめとしたさまざまな施策・事業について、事業者公募の開始に先立って民間サイドからの意見やアイデアを募り、市場性を調査する公民対話の手法で、全国で最初に横浜市が考案し活用をしてきました。近年では全国的な広がりを見せており、国でも積極的に活用を促していることは前述した通りです（第1章第3節）。

　この手法を活用することにより、行政の施策や事業におけるビジョンづくりのフェーズからファンクション部分までの一連の流れに対して、民間サイドの専門的・先進的な知見や市場原理を取り入れることが可能になり、より高いパフォーマンスが発揮される可能性を探索することができます。

　今でこそ、サウンディング調査は一般的な手法として認識されていますが、手法導入前は、公有資産活用などの検討をするにあたり、行政職員の中だけでは、具体的な活用アイデアが出てこなかったり、民間との条件が合わなかったりなどの、悩みはつきものでした。

　横浜市がサウンディング調査を考案した理由は至ってシンプルで、「分からなければ、民間事業者に直接聞けばいい」というものです。

サウンディング調査は、本質的には単なる対話の仕組みにすぎず、制度はできるだけ簡略で、行政職員にとっての使いやすさを意識して作られました。そのため仕組みや運用法は柔軟で緩やかなものとなっており、当然最低限の法的・事実的な制約や作法は守るようにしていますが、要綱やマニュアルなどで硬直的なルールを定めたりはしていません。この手軽さに比して実施効果が高いため全国に広まったと言えるでしょう。

　横浜市では、2020年3月時点で、累計60件以上のサウンディング調査を実施しています。これまでの実績や募集中の案件は情報を一元化し、WEBサイトに一覧で掲載しています[4]。

　全国的にもそうであるように、その内訳としては、ハード整備を伴うような土地・建物活用事業での実施が大多数を占めますが、柔軟さが特徴であるサウンディング調査の活用はハードに限った話ではありません。横浜市では、「市立中学校における横浜型配達弁当の事業者公募に向けたヒアリング」や「コールセンター事業に関するAIを活用した利便性向上等の取組」などのソフト事業にも活用されています。

　特に、今後行政の施策や事業を実現するためにはAIやIoTなど先端技術の導入を無視できなくなることが予想されます。上記のコールセンターの事例のように、ビジョンづくりの早い段階から、技術のプロフェッショナルである民間事業者と対話することが、効果的・効率的な行政施策や住民サービスの実現に向けて重要になってくるでしょう。

　横浜市以外の地方自治体で行われたユニークな事例としては、「無人島の利活用」というサウンディング調査事例があります。

....

4　　横浜市のサウンディング調査の実績と募集中案件
　　　https://www.city.yokohama.lg.jp/business/kyoso/kyosofront/sounding/

三重県志摩市にある多徳島は2016年の伊勢志摩サミット開催地である賢島から船で5分ほどの位置にあるものの、定期船は運航されていません。宅地面積4万222㎡で、築年不明の倉庫他登記されていない建物が存在しますが、現在は無人です。市によれば、明治期に御木本幸吉氏が半円養殖真珠を発明した場所で「真珠のふるさと」と呼ばれています。

志摩市は民間事業者に、英虞湾の観光振興や地域の雇用創出、他地域からの流入・交流人口の増加、地域住民の参加や交流などの活性化につながる事業構想を期待しています。用途や管理・運営方式は定めず、所有権は市が持ち、貸付によって事業を行うことを想定して募集したものです。

真珠のふるさとという唯一無二の価値や、無人島というインパクトのある資源に着眼し、その魅力を伝えるアイデアを民間に広く募集するというユニークな構想であり、さまざまなイノベーションの可能性を感じる事例です。

第2節　民間提案窓口「共創フロント」の詳細

1　共創フロントの仕組み

（1）基本スキーム・機能

共創フロントは、横浜市との共創を希望する民間の皆様からの提案を24時間365日、インターネットを通じて常時公募を行う仕組みです[5]。

5　共創フロントWEBサイト
　　https://www.city.yokohama.lg.jp/business/kyoso/kyosofront/front/front.html

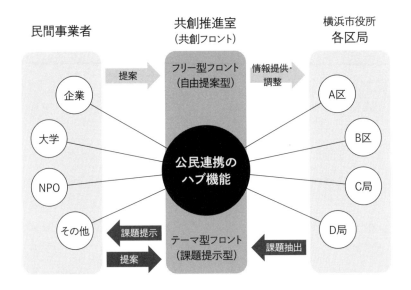

図10：共創フロントのスキーム図

　提案を希望する民間事業者にとっては、組織が大きい横浜市のさまざまな部署のどこに提案をしたら良いかが分かりにくいことから、どのような分野の提案でも共創フロントが一括窓口として受け付けたうえで、適切な部署への橋渡しをするコーディネート機能や、共創事業の実現に向けた全般的なコンサルティング機能を持っています。

　また、インターネット上で常時公募を行っていることで、行政サイドが特定の企業との共創を進めるためのプロセスの適正化を図るために最低限必要となる、提案の「機会の公平性」を確保する機能も担っています。この公平性確保の考え方については、次章第6節で詳細に説明していますので、そちらをお読みください。

　なお、共創フロントには、テーマを定めずに民間からの自由な共創提案を受け付ける「フリー型共創フロント」と、横浜市がテーマを定め、そのテーマに沿った内容の共創提案を募集する「テーマ型共創フ

ロント」の二つのスキームがあります。以下でその詳細を説明します。

(2) フリー型共創フロント《自由提案型》

　これは、特に横浜市サイドではテーマを定めずに、民間の自由な発想に基づく共創事業の相談や提案を受け付ける仕組みです[6]。

　提案の題材は、横浜に関係する社会・地域課題の解決に何らかつながるものであれば分野を問いません。これまでも、福祉や子育て、観光集客、まちの魅力向上、防災、環境、農業、まちづくり、インフラなど、文字通りさまざまなジャンルの提案に基づいた400件弱の共創事業を実現してきています。

　基本的には、行政の施策に何らか寄与するという仮説を企画に盛り込んだうえでの提案をいただいていますが、例えば自社の技術の出口相談のような内容でも対応しています。なぜ相談でも受け付けるのかというと、ソリューションベースの入口であっても、共創事業のタネになる可能性は多分にあることから、可能な限りフィットしそうな社会・地域課題とのマッチングのアイデアを検討するというスタンスを取っており、そのような相談から実際に具体化した事例も多く存在します[7]。

　また、横浜市では、「公園における公民連携に関する基本方針」（2019年9月策定）に基づき、個別の公園における利活用を公民連携により推進するため、共創フロントと連携した公園に特化した民間提

6　提案から実現までの流れのイメージは、本節3の事例5についてQRコード（14ページ）からアクセスできる本書のWEBサイトでジャーニー形式で紹介していますのでそちらをご覧ください。

7　本書のWEBサイトに、フリー型共創フロントの実現事例一覧を掲載していますので、本節3の事例1〜7とともに、共創事業を検討する際の参考にしてみてください。

案窓口「Park-PPP Yokohama（略称P×P、ピーバイピー）」を2020年1月から運用開始しました。施設整備からイベント開催まで、魅力的な公園づくりにつながるような提案を受け付け、検討・調整を進める専門窓口となります[8]。

（3）テーマ型共創フロント《課題提示型》

　前述のフリー型に対して、行政サイドとしての課題やテーマを明確化して公募し、それらの解決に資する具体的な共創提案を、民間から呼び込む仕組みがこのテーマ型共創フロントです。

　共創推進室では、市役所内部の各部署からの相談も、年間約100件受け付けており、そこで整理した課題を提示する出口としても機能するとともに、市の支出を伴わない共創事業における、簡易な公募プロポーザルの実施手段の一つとしての機能も有しています（次章第6節参照）。

　なお、具体的なイメージを掴んでいただくために、提案や課題に沿ったテーマをいくつかピックアップして、それらに対応する実現事例と合わせて本節の3で紹介します（事例8～11）。

2　共創フロントで創出した共創事業の六類型

　筆者が、これまで共創フロントを通じて実現した数々の共創事業に携わった経験を振り返り分析すると、民間と行政の共創関係を六つに類型化することができます（図11）。

　なお、一事業につき一類型というわけではなく、一つの事業に複数の類型が組み合わさる場合もよくありますのでご注意ください。

8　「P×Pホームページ」
　https://www.city.yokohama.lg.jp/kurashi/machizukuri-kankyo/midori-koen/koen/renkei/madoguchi/

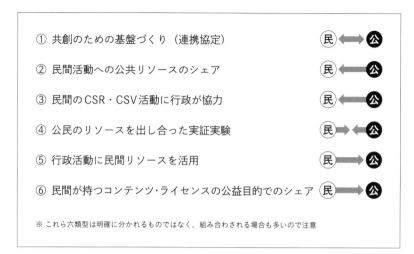

① 共創のための基盤づくり（連携協定）　民⟵公

② 民間活動への公共リソースのシェア　民⟵公

③ 民間のCSR・CSV活動に行政が協力　民⟵公

④ 公民のリソースを出し合った実証実験　民⟶⟵公

⑤ 行政活動に民間リソースを活用　民⟶公

⑥ 民間が持つコンテンツ・ライセンスの公益目的でのシェア　民⟶公

※ これら六類型は明確に分かれるものではなく、組み合わされる場合も多いので注意

図11：公民「共創」事業の実現類型

　この六類型は、共創事業の基本構造パターンとして、次章第5節で紹介する資金調達パターンと合わせて、皆さんが取り組む共創事業のかたちを考えていく際の材料として参考にしてください。

（1）類型1：共創のための基盤づくり（連携協定）

　全国の共創事業で、おそらく最も事例が多いと考えられるのが、この連携協定という類型です。

　これは、共創パートナー間で合意した相互連携の大きな方向性について、協定を締結する形をとったもので、性質的には基本合意（MOU）や紳士協定のような、法的拘束力がない形の抽象的なパートナーシップであり、形式的には、複数の分野にわたる取り決めをする「包括連携協定」と、特定の分野に関する取り決めをする「個別連携協定」の2種類があります。

このような協定を締結する最も重要なメリットは、締結後に、より具体的な取組を検討・推進していくための土台のような役割を担うことです。例えるならば、パソコンにおけるOSの部分のイメージです。

　まずは、共創パートナー間でこのOSを確立して連携の基本的な正当性を確保しておくことで、その目的やビジョンに沿ったアプリケーションつまり個別具体的な共創事業の検討を、余分な説明などの抵抗を減らして、スムーズに進めることができます。

　二つ目のメリットとして情報流通があります。民間と行政それぞれの既存知を掛け合わせてオープンイノベーションを生み出すには、継続的なコミュニケーションが不可欠ですが、協定により「パートナーシップ」という継続的なコミュニケーションチャネルを確立することで情報が流通し、公民それぞれが持つ多様な既存知の相互理解を深めることにつながります。

　イントロダクションの2で紹介した「閉店・改装するコンビニの在庫商品を地域のために活用」の事例は、まさにこの包括連携協定による関係性から派生したもので、継続的なコミュニケーションによる既存知と課題の共有が生んだ好事例と考えています。

　また、実務的な観点でのメリットを挙げると、協定は組織的なコミットメントとなるため、人事異動などがあった際でも、人間関係の再構築がスムーズにできる点なども重要です。

　共創パートナーの組織間の潤滑油として、うまく協定を機能させることができれば、多くのメリットを生む仕組みだといえるのではないでしょうか。

▷ 株式会社 ローソン
▷ 市内読売会（新聞販売店の団体） ▷ 株式会社 読売新聞東京本社販売局
▷ イオン 株式会社
▷ セブン＆アイグループ 3 社 　（株式会社 セブン－イレブン・ジャパン、 　　株式会社 イトーヨーカ堂、株式会社 そごう・西武）
▷ 株式会社 伊藤園
▷ 株式会社 日立製作所
▷ 株式会社 JVC ケンウッド
▷ 佐川急便 株式会社
▷ 日本 KFC ホールディングス 株式会社
▷ DeNA グループ 3 社 　（株式会社 ディー・エヌ・エー、株式会社 横浜 DeNA ベイスターズ、 　　株式会社 横浜スタジアム）
▷ 損害保険ジャパン日本興亜 株式会社
▷ キャタピラージャパン 合同会社
▷ 横浜市立大学 ▷ 日本電信電話 株式会社（NTT） 　　※本市を含めた 3 者協定
▷ 東京ガス 株式会社
▷ 三井住友海上火災保険 株式会社
▷ 神奈川大学

2020 年 2 月現在

図 12：横浜市との包括連携協定締結・合意企業などの一覧

テーマ：連携協定を締結したけれども
　　　なかなか具体的事例が進まない

....

学生A 「役所の友人から、ある企業と包括連携協定を締結したのだけど、締結後になかなか成果がでないって相談がありまして」

教授 「全国あちこちでよく聞く悩みだね」

学生B 「包括連携協定って、何かを生み出すための約束ですよね」

教授 「包括連携協定は、あくまで民間と行政が共創するためのベース、パソコンで言えばOSの部分だから、具体的な事業、つまりアプリケーションをどう作るかが大切なんだな」

学生A 「では、どうやってアプリケーションを作ればいいですか？」

教授 「このような協定は締結することが目的ではなくて、共創を進めやすくする手段の一つだよね。だから、締結を焦らずに、締結前にしっかりと協定を締結する共創パートナー同士が話し合って、役所内の共感を得られるような具体的事業をいくつも準備してから締結して、スタートから良い事例を見える化することが大事なんだよ。そうすれば締結後に、うちも何かやりたい！　っていう部署が出てきやすいよね」

学生B 「手段を目的化しないことと、最初に良い事例を創って見える化することが大切なんですね。他にも大事なことはありますか？」

教授 「協定を締結することは、密なコミュニケーションを取れる基盤を創るという意味もあるから、例えば協定関係者が定期的に課題やソリューションの情報共有をする機会をつくったりすることも大事だね。横浜市の、閉店・改装するコンビニ店舗の在庫商品を地域のために活用する共創事業などは、そういう日常のコミュニケーションから事業のタネが生まれたそうだよ」

学生B 「じゃあ、協定を結んだら飲み会を沢山すればいいですね！」

教授 「くれぐれもコンプライアンスをしっかり守りながらね」

(2) 類型２：民間活動への公共リソースのシェア

　民間主体の活動ではあるけれども、そこに公益性を見出すことができ、行政の思惑にも沿う場合に、共創をするのがこの類型です。

　代表的なものは、民間の商品やサービスの開発に行政がコミットし、コラボ展開をするパターンがあります。民間が商品やコンテンツ、サービスを開発する際に、地域や行政がもつ各種資源やブランド力などを合わせていくことで、地域や行政が訴求したいメッセージを含めた公益的な価値も併せ持つ商品などを、流通していくことが可能になるわけです。

　民間サイドとしては、行政との共創により、新たな商品などの開発の足がかりや切り口を見出すことができることや、公益性や行政との連携によるイメージ向上効果を活かしたプロモーション展開や流通拡大ができるなどのメリットにつながりますし、創出される公益性のレベルが高ければ、行政サイドの施設や関連フィールド、ネットワークを活用したプロモーションや流通なども可能になる場合もあるでしょう。

　行政サイドとしても、民間の持つ知恵や力を活用した、行政のみでは到底実現できないような、画期的・効果的なプロモーションが実施できるなど、アイデア次第でさまざまなメリットが期待できます。

　また、近年拡大しているオープンデータ活用のように、行政が保有するデータを民間が利用することで、新たな製品やサービスを生み出して住民の利便性などを向上するような事業も、この類型にあたります。

　なお、この類型の場合、あくまでベースは民間主体の活動ですから、行政や地域は、共創により民間事業者にビジネスとしての収益があがることを当然のこととして理解をしてあげなくてはなりません。

(3) 類型３：民間のCSR・CSV活動に行政が協力

　民間が行うCSR・CSV活動に対し、行政がコミットすることで、

それらの取組の公益性を高めて、より見える化・見せる化していくのがこの類型です。

　いくら社会にとって良い取り組みであっても、基本的には営利を主目的とする民間企業などが単独で実施する場合ですと、社会から見た際の印象などから、公益性を打ち出すには限界があります。

　そこで、SDGsや地方創生に代表されるような一般的に知られている社会課題のみならず、より具体的な行政施策や事業などとの関連性を持たせた公益的なストーリー性を高めていくことで、民間にとっては、CSR・CSVの取り組みが持つ「社会にとって良いことを行っている」というメッセージやプレゼンスの向上が期待できます。

　そして、行政にとっては、民間のCSR・CSV活動に何らかの関与をすることで、社会や地域の課題解決につながるアプローチを実現する手段を、より拡大できるというメリットがあります。

　なお、このCSR・CSV的な要素を軸にした共創は、現代マーケティング論の第一人者であるフィリップ・コトラー氏が、ナンシー・リー氏とともに、公共部門におけるマーケティング活用の方法や事例、効果などを紹介した著作において、「戦略的提携関係」という形でまとめられているので、理解を深めたい読者にはぜひご覧いただきたいと思います[9]。

　同書には、この他にも行政などが民間ビジネスの手法を活用するためのヒントが豊富な海外事例とともに取り上げられており、共創を進めるにあたって、皆さんにも多くのヒントや気づきを与えてくれると思います。

9　フィリップ・コトラー、ナンシー・リー著、スカイライト コンサルティング株式会社訳『社会が変わるマーケティング　民間企業の知恵を公共サービスに活かす』（2007、英治出版）、301〜339ページ

マーケティングとの親和性

　マーケティング。言葉は馴染みがあっても、なかなかイメージが湧かない人も多いのではないでしょうか。特に、行政職員にとっては、「広告・宣伝の花形のお仕事…？」くらいのモヤっとしたイメージの方も多いはず。何を隠そう筆者もそうだったのですが、実は公民共創をコーディネートしていく上で、非常に親和性の高い概念ということが分かってきましたので、このコラムで少し紹介しましょう。

　マーケティングと言えば、まずは本書でも何度か紹介している「現代マーケティングの父」のフィリップ・コトラー氏です。コトラー自身、本文でも紹介した著書『社会が変わるマーケティング』（*Marketing in the Public Sector*）の中で、「公共部門で働く人たちに最も見過ごされ、誤解されてきた分野の一つがマーケティングである」と述べており、企業が公共領域に参入する際の考え方や好事例が、マーケティングの概念を通じて述べられています。さらに、著書『社会的責任のマーケティング』（*Corporate Social Responsibility...*）は、CSRとビジネスへのプラス効果の両立について解説された、実務家向けのガイドラインになっています。

　公民共創の特徴の一つとして、マルチステークホルダーが連携して社会や公共圏への価値提供を行うという性質があります。その性質特有のさまざまな疑問や誤解を解くための考え方・フレームワーク・事例などが上記文献には記されており、筆者は多くのヒントを得ました。これは、行政との連携を図りながらも参入障壁を感じる企業サイドにとっても、公民連携を進めようとするもののイメージの湧かない公共部門の関係者にとっても、気づきや学びを得ながら歩み寄ることにつながる優れた教材だと思います。

　国内の実務家目線ではどうでしょうか。多数の外資系企業のマーケティング部門を歴任し、デジタル領域のマーケティングを牽引する井上大輔氏は、「いまやマーケティングという概念は、広告・宣伝という一機能にと

「マーケティング」とは

どまらず、すべてのステークホルダーにとってのブランド体験を収束する
考え方・思想に拡張しているのではないか」と論じています。同時に、
「どんなによい商品やサービスがあっても、市場の定義～価値の伝達まで
の流れをプランニングしなければ、せっかくの価値も伝わらずに埋もれて
いく」とも述べています。

　また、ある有名大企業のCMOの方から、こんな印象的な話を聞いたこ
とがあります。「ぼくはマーケティングを顧客体験に係る全ての業務と考
えていて、CS（顧客満足度）のみならずES（従業員満足度）を高める工
夫も自分の仕事だと認識している。そのことは社長も了承済み。だから、
時として人事について意見をすることさえあるんだ」と。このことは、
マーケティングが一部の人だけの業務ではなく、価値提供に携わる全ての
人に関係することを感じさせます。
　共創を考えるときにもマーケティングの目線を取り入れることで、取組
が持つ“価値への共感”を生んでいくヒントを得られるかもしれません。

（4）類型４：公民のリソースを出し合った実証実験

　民間が持つ実験的・先端的な技術、製品、サービスなどについて、行政が持つ又はコントロール可能なフィールドをテストベッドとして実証実験や共同研究などを行うのがこの類型です。

　近年、ウォーターフォール型ではなく、アジャイル型で製品・サービスの開発を進める民間が増加していることも伴って、全国的にこの類型にあたる共創事業が比較的増加傾向にありますし、公民双方にとって効果の高い共創事業のパターンなので、少し詳しく説明します。

　このケースは実験という性質上、特に、公民双方の狙いや得られるものを明確にし、しっかりと事業の仮説とKPIを立て、実証後の道筋や対応を明確にすることがポイントとなります。そして、民間としての連携の位置づけは、開発中の技術実証や本格サービスイン前の試験導入などさまざまですし、行政としても連携の位置づけや提供フィールドがバラエティーに富むことから、その関与にあたって公益性をどのように見出すか、というストーリーづくりも大切になってきます。

　なお、行政サイドが提供できるフィールドは、次のようにいくつかのパターンがあり、連携にあたっての公益性など根拠づけの面や手続面などにおいて、それぞれレベル感やアプローチが異なります。

① ハード面の行政資源をフィールドとして利用

　これは、行政が管理する土地や建物、施設や機器などのハード面の資源を、主に民間サイドが物理的に利用して、公益性のある取り組み、例えばAI自動運転などの新たなモビリティの技術・運用の実験のために公道を使用したり、敷地に何らかの実験プラントを設置し運用したり、などといったパターンがあります。

　このパターンの場合、一定の公益的理由を検討することはもちろんですが、特に、物理的で有限な特定の行政資産を、民間に対して一定期間独占的に提供することになるため、その排他性の多寡により、公

平性の観点から、公募の必要性などの手続面での検討が重要になる場合があります（以下、公平性に関しては次章第6節を参照）。

② ソフト面の行政資源をフィールドとして利用

　これは、行政が地域や公共施設内、WEB上などで行う、住民サービス提供や事務作業などのソフト面の諸活動を資源として、それらにAIやRPA技術を導入することによる効率・効果向上を測定する実験や、民間の新たな製品・サービスを行政職員や公共施設利用者などに利用してもらうことで定量的・定性的なデータを得る研究、などといったパターンがあります。

　このパターンの場合、ハード利用パターンに比べて具体的な行政活動との関わりが強くなることが多いため、公益性の観点からは、より実験の目的と行政サイドの施策や事業の方向性との合致が重要になります。逆に、公平性確保の手続面では、ハードに比べて柔軟な対応がしやすいため、排他性を低く抑えることができれば、それほどシビアに考えなくても済む場合も多いものと思われます（次章第6節）。

③ 行政とつながりの深い、地域の民間組織との連携

　これは、直接的には行政のフィールドではないけれども、外郭団体や各種業界団体、商店街、自治会・町内会、リビングラボなど、行政とのつながりが深い地域の民間組織の持つフィールドを、行政が仲介・調整することで実験などに活用させてもらうパターンです。例えば観光地の商店街におけるセンサーなどの先端技術を活用した「パーソントリップ調査研究」や、リビングラボを通じた地域での製品・サービスのモニタリングや共同開発、などの連携が考えられます。

　この場合は、一定の公益性確保はもちろんとして、手続面よりも、当該実験などに対する当該地域組織の理解・共感と綿密な対話による事実上の調整がポイントになるでしょう。

　また、実証実験の題材が「先端技術」である場合には、②のような

「既存の行政サービスや活動の質向上」という共創フロントを活用したベーシックなものだけではなく、先端技術の活用・普及による市内経済活性化、という経済施策に特化したアプローチもあります。

　具体的な事例としては、横浜市経済局の事業である「IoTオープンイノベーションパートナーズ（略称、I▫TOP［アイトップ］横浜)」があります[10]。

　これは、横浜経済の強みである「ものづくり・IT産業の集積」を活かして、IoTなどを活用した新ビジネスに向けた、交流、連携、プロジェクトの推進、人材育成の場となるプラットフォームで、多様な民間企業・団体が参加することで、さまざまな個別プロジェクトの実施とマッチングを行い、新ビジネスの創出や社会課題の解決、中小企業の生産性向上、チャレンジ支援を行うものです。

　横浜エリアにおけるAIやIoTなどの先端技術を活用する実証実験を、このプラットフォーム内でのプロジェクトとして位置づけることで、横浜市がその推進に協力・関与していくことができ、共創フロントも適宜このプラットフォームとの連携を図っています。

　その他、実証実験の内容によっては、各種特区の仕組みを活用した展開も有効です。代表的な例としては、茨城県つくば市での「国際戦略総合特区」を活用したセグウェイの公道走行実証実験などがあります。

（5）類型5：行政活動に民間リソースを活用

　既存の行政サービスなどの質や生産性、効率性を向上させるソリューションとして民間の資源を活用するのがこのパターンです。

10　I▫TOP横浜の詳細は下記のホームページを参照してください。
　　https://itop.yokohama/

例えば、行政の事業パンフレットのデザイン性を向上させ、よりオシャレにしたり、分かりやすいものにするために、高いデザインのノウハウを持った企業や学校の協力を得るような取り組み、また、行政の業務において、効率性向上につながる可能性があるAIやRPAなどのシステムを、民間との共創により実験的に導入してみるような取り組み、などはイメージしやすいのではないでしょうか。

　民間としては、社会貢献効果のみならず、行政の資源を活用して新たな製品・サービス開発や販路開拓の可能性をリサーチすることができますし、行政としては、課題解決につながるソリューションについて、自分たちの知見だけでは検討が難しく、事業化・予算化のためのエビデンスも無いなどといった場合に、例えば、共創による「お試し」などといった位置づけで着手・吟味することが可能になります。

　なお、この類型において実験性が強い場合には、類型4に近い形になります。

(6) 類型6：民間が持つコンテンツ・ライセンスの公益目的でのシェア

　民間の強力なコンテンツやライセンスなどを、民間のメリットに行政が協力する代わりに、公益のために行政や地域に提供してもらうことで、ダイナミックな事業展開を図ることが可能となるのがこのパターンです。

　事例としては、横浜を舞台としたスタジオジブリ映画「コクリコ坂から」とのタイアップや、夏休み期間にみなとみらい21地区などで実施するイベント「ピカチュウ大量発生チュウ！」、「ひつじのショーン」との連携による横浜市・横須賀市にまたがるサイクルスタンプラリーなどが、観光集客系の代表例となります。

　また、行政施策や事業のPR効果向上の例としては、子どもに人気のアニメ「プリキュア」の映画とのタイアップによる小児救急電話相

談の普及促進の取り組みをはじめ、予防接種や防犯、人権、施設利用などのさまざまな事業の啓発を行ったものなどがあります。

　民間サイドには、行政との連携を行うことで、社会貢献効果だけではなく、イベントなどを地域で面的展開する場合における許認可や地域との調整に行政の協力が得られたり、民間単独では不可能な公的施設やルートでのプロモーションが可能になったりするなど、さまざまなメリットが生まれます。

　行政にとっては、コンテンツの力を借りることで、単独では望むべくもない訴求力を得ることができ、特に、映画やドラマ、アニメ、ゲームなどの人気のあるエンターテインメント系のコンテンツの場合は、観光集客やまちの賑わい創出、観光客増加による地域への経済効果、行政施策や事業のPR効果向上など、さまざまな面で効果を発揮します。

　また、地域にとっては、行政が間に入り公共性・公益性を高めることで、キャラクターライセンスを緩めた形で地元企業がタイアップ商品を開発・販売できるなどのメリットを得られる場合も事例によってはあり得ます。

3　共創フロントにより実現した共創事業の事例分析

　ここからは、具体的な実現事例を紹介していきます。

　なお、紙幅の都合上、ここでは概要のみ紹介しますが、本書のWEBサイトでは、第5章から第6章で詳しく解説するさまざまなフレームワークを使い、より詳細に分析・解説しています。ぜひご覧いただき、事例の外形だけではなく、各類型の特徴や要素、ビジネスモデルとしての構造への理解も同時に深めてもらいたいと思います。

(1) フリー型共創フロント《自由提案型》の事例

事例1　ランチパックの共同開発・販売で農業振興

事例2　スマートフォン用 動物園アプリ one zoo の共同開発

事例3　食品ロス削減の啓発を専門学校との連携でリニューアル

事例4　食べきれない料理を持ち帰るシェアバッグを試行配布

事例5　イーオのごみ分別案内

事例6　ピカチュウ大量発生チュウ！

事例7　ひつじのショーンが英国と横浜をつなぐ親善大使に就任

(2) テーマ型共創フロント《課題提示型》の事例

テーマ例①　バーチャルパワープラント(VPP)[11]構築事業に関する提案

事例8　バーチャルパワープラント構築事業

テーマ例②　消防局のPR・ブランディングと市民の防災意識の啓発

事例9　横浜消防とのコラボTシャツ発売

事例10　消防車型ローリングストックBOX作製

テーマ例③　クラウドファンディング企業と連携した地域まちづくり
　　　　　　団体の資金調達支援

事例11　地域まちづくりにクラウドファンディングを活用

11　ビルや家庭などが有する蓄電池や発電設備、電気自動車などを、高度なエネルギーマネ
　　ジメント技術により遠隔・統合制御し、あたかも一つの発電所のように機能させること
　　で、電力の需給調整に活用する仕組みのこと。

山崎製パン (株) × 横浜市環境創造局

ランチパックの共同開発・販売で農業振興
▶ 横浜産野菜シリーズの展開で、消費を通じた地元農業のPR

事例類型　　：②
資金調達類型：1-C 直接回収型

─── • キーワード • ───
▶ 農業振興
▶ 共同開発
▶ 地元野菜を使用
▶ コラボレーション商品

概要

　横浜ブランド農産物の販路拡大や市内農業のPRのために、使用する農産物の選定や供給方法の調整、包装デザインの調整を両者で連携し、商品を共同開発した。

【ランチパック での横浜産野菜シリーズ】
① 横浜産野菜のコロッケ＆マヨネーズ（※上写真）
② 横浜産トマトのトマトソース入り夏野菜カレー
③ 横浜産じゃがいものポテトサラダ
※現在、これらの製品は販売していません。

　ほかにも、横浜産農産物に限らないコンセプトとして、「横浜巡りシリーズ」と銘打ち、「赤レンガ倉庫」をはじめ「ベイブリッジ」や「横浜スタジアム」など、横浜の場所・歴史・文化をテーマにした商品展開も行った。

創出された価値

▶ 消費者に広く定着しているランチパックという商品ブランドと流通ルートを通じて、横浜の農産物を広くPR
▶ 市内の農産物を供給できる新たな販路を開拓

スマートフォン用 動物園アプリ one zoo の共同開発
▶ アプリコンテンツの共同開発×事業PR・資金獲得

飼育員目線でどうぶつの食事を体験！
[もぐもぐカメラ]

映像テクノロジーで新どうぶつ体験！
[まるみえZOO]

事例類型　　　：②
資金調達類型：1-B-b 他機会回収型
　　　　　　　1-C 直接回収型

┌──────── ● キーワード ● ────────┐
▶ 動物園
▶ アプリの共同開発
▶ 収益の一部を寄付
▶ 生物多様性
└──────────────────────────────┘

概要

　動物園から毎日届けられる、可愛くて、楽しくて、癒され、時に感動するどうぶつ動画を提供し、スマートフォンがまるで動物園にようになるアプリを共同開発。

　アプリでは、動物園で飼育されている動物の動画閲覧や実際に動物園を訪問した際に役立つマップ・音声ガイドを搭載している。(横浜市内の全3園が企画に参加)

　飼育員を含む動物園サイドの全面協力と、ドローンや360°カメラなどの技術を組み合わせることで、タイムリーかつダイナミックな動物園コンテンツの制作を実現した。

創出された価値

▶ 動物園というコンテンツを最新技術を活用してデジタル化し、全国のファンに届けることが可能になった。
▶ アプリコンテンツを通じて、動物の飼育や繁殖の研究、動物園の整備などに活用できる資金を得られる。

食品ロス削減の啓発を専門学校との連携でリニューアル

▶ 産官学のパートナシップでSDGs達成に寄与

〈キャッチコピー・ロゴ〉

事例類型　　　：③
資金調達類型：1-A CSR型

- ● キーワード ●
▶ 食品ロス削減
▶ 専門学校
▶ リニューアルデザイン
▶ 伝わる表現

〈ポスター〉

〈ステッカー〉

概要

　食品ロス削減という課題について、より広く深く意識啓発を促進するため、既存のキャンペーン「食べきり協力店」をデザインの視点からリニューアルするプロジェクトを、デザインの専門学校と連携して取り組む。

　「食品ロス削減対策の推進」という課題提示を受け、フィールドリサーチから、既存事業のリニューアルを構想、プロモーションツールの制作までを、学生のチームが授業の一環としてワンストップで担当する。

　飲食店や宿泊施設など「食べきり協力店」約850店舗に対して啓発ツールを配布するほか、10月30日の「食品ロス削減の日」に合わせ、公共交通機関などでポスターを掲載するなど、リニューアルされた制作物を活用した周知・啓発を行う。

創出された価値

▶ 行政が苦手とするデザインや訴求の面を、専門学校生のフレッシュな目線と高い技術でフォローした。
▶ 伝わりやすいデザインや工夫を凝らしたリニューアルで、新たなターゲットへの「食品ロス削減」認知拡大につなげる。

（株）リクルートライフスタイル×横浜市資源循環局

食べきれない料理を持ち帰るシェアバッグを試行配布
▶ 民間のCSV型新サービス開発・SDGs達成に、行政が支援

事例類型　　　：③
資金調達類型：1-A CSR型
　　　　　　　　1-B-b 他機会回収型

・─────── キーワード ───────・

▶ 食品ロス削減
▶ CSV型新事業開発
▶ 店舗と顧客双方が共感
▶ スマート

概要

　食品ロス削減のため、横浜市中心部の飲食店延べ約250店舗で、食べきれない料理を持ち帰ることができる「シェアバッグ」（紙袋＆ボックス）を希望者に無料配布する。（会計時に啓発カードも）

　自己責任等の注意点を統一記載することで、配布する店舗のリスクを軽減し、取り組みやすい仕組みづくりに配慮した。

　食品ロスは重要な社会課題で公益性が高く、横浜市が協力することで、「外食時に食べきれない料理を持ち帰ること」の社会的価値にフォーカスする。

※食中毒等のリスク回避のため春・冬の宴会シーズンに展開

創出された価値

▶ 「おしゃれ」かつ「スマート」に、食品ロス削減につながる取組を試行する。
▶ グルメサイトの力で店舗に広く協力依頼するほか、ホットペッパー特設サイトで、市民にも広くPRが可能になる。
▶ 店舗の廃棄コスト削減、消費者へのサービス向上につながる。

（株）NTTドコモ×横浜市資源循環局

イーオのごみ分別案内

▶ 複雑なごみの出し方を、AIが瞬時に案内するサービスを公民連携で開発

総務省「ICT地域活性化大賞2017」【奨励賞】受賞

事例類型　　　：④⑤
資金調達類型：1-B-b 他機会回収型

・ キーワード ・

▶ AI・データ活用
▶ 実証実験
▶ サービスの共同開発
▶ 若年層へのリーチ

概要

　NTTドコモが持つAI（人工知能）技術と、横浜市が持つ約20,000語のごみ分別の検索データを使って、ごみの出し方を対話形式で案内するサービス「イーオのごみ分別案内」を共同開発（2016年度）し、サービス提供の実証実験（2017年度）を実施した。

　開発においてユーモアのある回答を取り入れたことで認知度が爆発的に高まることにつながり、「『旦那捨てたい』に神回答!?」という見出しでSNS、WEBニュース、TV等で大きく露出し、これによりアクセス数は一時100倍にまで上昇した。この"バズ"効果によって、回答の精度を上げるためのサンプルが取れ、2018年4月から本格導入されている。

創出された価値

▶ AIとの会話形式で、分かりやすく気軽にごみの分別を問い合わせできる（転入者が 約14万人/年）
▶ 24時間365日対応可能（コールセンター営業時間外の利用が約3割）
▶ 200万件以上の高い利用数（実証実験の期間中）
▶ コールセンターに比べて一件当たりのコストが安い（ランニングコストを大幅に縮減できる可能性）
▶ ごみ分別を促進し、資源化を推進
▶ 費用を抑えつつ市民サービス向上

| 事例6 | （株）ポケモン×横浜市文化観光局 |

ピカチュウ大量発生チュウ！
▶ 横浜への集客向上・プロモーションにつながる大規模公民連携イベントを開催

©2020 Pokémon. ©1995-2020 Nintendo/Creatures Inc. /GAME FREAK inc.
ポケットモンスター・ポケモン・Pokémonは任天堂・クリーチャーズ・ゲームフリークの登録商標です。

事例類型　　　：⑥
資金調達類型：1-B-c その他

• キーワード •
▶ 街中イベント
▶ キャラクターコンテンツ
▶ 観光誘客
▶ 規制緩和

概要

　みなとみらい21エリアを中心に、2014年から毎年8月半ばに一週間程度の期間で開催する、大規模な公民連携イベントを開催する。

　横浜市は、（株）ポケモンと連携協定を締結し、関係者との調整や許認可など、イベント開催を支援している。

　2018年1月には、横浜市、（株）ポケモン、みなとみらい地区の事業者が連携しながらイベントを推進する体制を整えるため、「ピカチュウ大量発生チュウ！推進協議会」を設立した。

【効果】
▶ 2014～2019年で延べ約1,213万人の来場者、メディア露出効果は76億円（内、海外メディアは約55.4億円）
▶ 2019年の経済波及効果は 約181億円

創出された価値

▶ 国内外へ大きな影響力を持つ日本発コンテンツとの全面的な連携により、横浜のプレゼンスを向上
▶ イベントの展開エリアにおいて、地元商業施設等との期間限定キャンペーンやグッズを展開することで、特別な時間と経済効果を創出

ひつじのショーンが英国と横浜をつなぐ親善大使に就任

▶ 英国を代表するキャラクターコンテンツの力を活用して地域活性化や
文化交流を推進

SHAUN THE SHEEP AND SHAUN'S IMAGE
ARE ™ AARDMAN ANIMATIONS LTD. 2020

事例類型 ：⑥
資金調達類型：1-A CSR
1-B-c その他

• **キーワード** •
▶ 英国と横浜
▶ キャラクターコンテンツ
▶ 地域活性化と文化交流
▶ かわいい

概要

　英国を代表するクレイアニメ作品「ひつじのショーン」が、英国の文化を
伝え、横浜の地域を盛り上げるために親善大使に就任した。開港当時からつ
ながりの深い英国と横浜をつなぐ役割を担う。

　また、横浜市は東京2020大会における英国代表チームの事前キャンプ地と
なっており、ホストタウンとしてその機運を高めていくために実施する様々
な取組においても連携する。

　そのほか、地域活性化につながる取組にも協力する。

【連携した取組例】
▶ 英国事前キャンプのPR
▶ 横浜横須賀めぐりサイクルスタンプラリー
▶ ガーデンネックレス横浜　里山ガーデンの魅力向上　ほか

創出された価値

▶ 作品を制作するアードマン・アニメーションの協力により、横浜限定のス
ペシャルクリエイティブが制作され、連携をより特別なものにする活用方
法を実現させた。（上図は、英国事前キャンプ応援キャンペーン用のもの）
▶ 英国を代表するとともに、幅広い層から親しまれるキャラクターを通じて、
施策のメッセージの訴求力を高めた。

バーチャルパワープラント構築事業

▶ 電力需給の最適化制御とレジリエンス向上を両立した、新しい仕組み
構築の実証実験

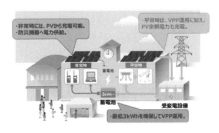

- ・非常時には、PVから充電可能。
- ・防災機器へ電力供給。

- ・平常時は、VPP運用に加え、
  PV余剰電力も充電。

- ・最低3kWhを確保してVPP運用。

事例類型　　　：④
資金調達類型：1-B-b 他機会回収型
　　　　　　　2-B 共同申請型

・ キーワード ・

▶ 電力需給調整
▶ 地域の防災力向上
▶ スマートシティ
▶ 実装を目指した実証実験

テーマ例①

テーマ
「VPP構築事業に関する提案」
〈ポイント〉
経済産業省の「バーチャルパワー
プラント構築事業費補助金」の対象と
することを想定。

提案 →

東京電力エナジーパートナー（株）・
（株）東芝
「高度なIoTを活用した蓄電池等の統
合的な 制御によるデマンドレスポン
の実施および公共施設のBCP機能維
持・向上について」

概要

　再生可能エネルギーの普及を想定した、電力安定化と防災力の向上を目指
して、公共施設に蓄電池を設置・運用する実証実験を行う。

　災害時に防災拠点や避難場所となる公共施設に蓄電池を設置し、平常時の
VPP運用に加え、停電を伴う非常時は「防災用電力」として活用する「横浜
型VPP」の実装を目指す。

　2016～2017年度の実証実験後は、VPPを含んだ電力供給契約により本格
的な実事業や、全国への普及拡大を図る「自治体VPP推進連絡会議」などを
展開している。

創出された価値

▶ 平常時はVPPの持つ効果により、国の目指す、電気をより上手に使う社会
へ貢献し、非常時は「防災用電源」として使用し、地域の防災力向上に貢
献する。

▶ 公共施設、民間施設、さらには今後の普及拡大が見込まれる電気自動車の活
用など、様々な資源を活用した都市型VPP事業への展開可能性につながる。

横浜消防とのコラボTシャツ発売
▶ キャッチーな Laundry×横浜消防のコラボTシャツでイメージアップ!!

事例類型　　：②
資金調達類型：1-C 直接回収型

・ キーワード ・
▶ 「横浜消防」ブランド
▶ 民間によるPR
▶ 消防のイメージアップ
▶ コラボ商品開発

テーマ例②

テーマ
「消防局のPR・ブランディング
と市民の防災意識の啓発」
〈ポイント〉
複数の提案を実現。機会の公平性を
確保。

提案 →

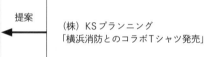

（株）KSプランニング
「横浜消防とのコラボTシャツ発売」

概要

　消防局を題材としたTシャツを製作し、販売する。日常着としてのTシャツ
を通じ、消防局を市民に身近な存在としてPRするとともに、幅広い年代に対
する日頃からの防災・減災意識の向上を図る。

　デザインは、大規模災害や特殊災害等の救助活動のスペシャリスト特別高
度救助部隊「スーパーレンジャー」通称SRをモチーフに。白い肩紐と靴紐は
スーパーレンジャーの証。スーパーレンジャーは子供たちのヒーローという
こともあり、キッズサイズも販売した。

　2015年7月に第1弾を発売したところ、大好評で反響も大きかったため、
平成28年4月には第2弾を発売した。

創出された価値

▶ 人気ブランドとのコラボコラボレーションにより、横浜消防のPR、イメー
　ジアップに寄与

消防車型ローリングストックBOX作製

▶ 崎陽軒のシウマイカレーを食べて防災備蓄のノウハウを実感できる商品企画

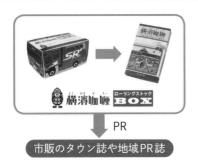

PR

市販のタウン誌や地域PR誌

事例類型　　　：②
資金調達類型：1-C 直接回収型

・キーワード・

▶「横浜消防」ブランド
▶ 民間によるPR
▶ 防災意識の啓発
▶ コラボ商品開発

テーマ例②

テーマ
「消防局のPR・ブランディングと市民の防災意識の啓発」
〈ポイント〉
複数の提案を実現。機会の公平性を確保。

提案

（株）崎陽軒、（株）KADOKAWA
「消防車型ローリングストックBOX
作成！」

概要

　株式会社崎陽軒と横浜市消防局が連携し、パッケージを消防車にした備蓄食糧として使えるレトルトカレーBOXを販売！SR（スーパーレンジャー）の車両をモチーフにしたパッケージには、防災備蓄の手法である「ローリングストック法」について説明しており、商品を通じて消防のPRや防災意識の啓発も行う。

　また、地元メディアのYOKOHAMAウォーカーとも連携し、記事掲載などを通じて積極的なリーチを行なう。

創出された価値

▶ 既存商品を活用してパッケージを工夫するアイデアで、大掛かりな商品開発を伴わず「防災啓発」という新たな付加価値を創造した。
▶ 地元メディアであるYOKOHAMAウォーカーへの掲載を通じて若者へのリーチ効果を高めた。

CF事業者(7社)×横浜市都市整備局

地域まちづくりにクラウドファンディングを活用

▶ クラウドファンディング事業者と地域まちづくり団体をマッチングする仕組みを構築（試行）

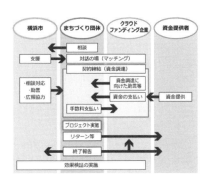

事例類型　　　：③
資金調達類型：1-B-a 広告スポンサー型

・キーワード・

▶ クラウドファンディング
▶ 地域まちづくり
▶ マッチングの仕組み
▶ 共感

概要

ヨコハマ市民まち普請事業[※]による整備団体を対象に、クラウドファンディング（以下「CF」という。）を活用した新たなまちづくり支援を試行実施する。

この支援では、横浜市とCF企業で協定を締結し、対象団体と連携企業とのマッチングを行う。マッチングが成立すると、対象団体が連携企業とともにCFを活用した活動資金等の調達を開始する。

（執筆時点で3件が成立し、すべて目標金額を達成）

※ヨコハマ市民まち普請事業
市民が地域の課題解決や魅力向上を図るために整備する施設への整備費の助成事業。二段階の公開コンテストで選考された提案に対して、次年度に最大500万円の整備助成金を交付する。

創出された価値

▶ 既存の「まち普請事業」以外の、新たな資金調達・広報PRの手法を地域まちづくり団体に紹介する仕組みを構築
▶ 助成金という性質（予算の上限、コンテストでの選定、使途の限定 など）に左右されない、より自由度の高い新たな資金調達の選択肢を創出

テーマ例③

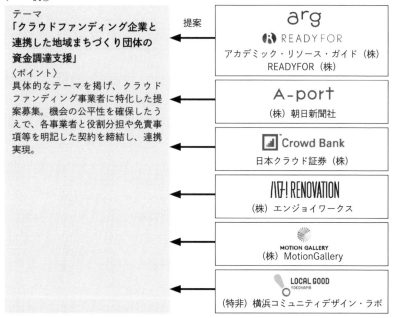

テーマ
「クラウドファンディング企業と連携した地域まちづくり団体の資金調達支援」
〈ポイント〉
具体的なテーマを掲げ、クラウドファンディング事業者に特化した提案募集。機会の公平性を確保したうえで、各事業者と役割分担や免責事項等を明記した契約を締結し、連携実現。

提案

arg
READYFOR
アカデミック・リソース・ガイド（株）
READYFOR（株）

A-port
（株）朝日新聞社

Crowd Bank
日本クラウド証券（株）

ハコ RENOVATION
（株）エンジョイワークス

MOTION GALLERY
（株）MotionGallery

LOCAL GOOD
YOKOHAMA
（特非）横浜コミュニティデザイン・ラボ

事例分析についての留意点

① 一つの事例につき、連携類型（80ページ～）・資金調達類型（150ページ～）を含んだ概要及びスキーム図とフレームワーク（概要以外はWEBサイト参照）を使って分析しています。

　フレームワークは、次章以降で取り上げる3PMモデル・PPRPモデル・公民共創版リーンキャンバスまたは公民共創版ビジネスモデルハウスを使用しています。実験性が高い場合はリーンキャンバスを、ビジネスモデルとして確度が高い場合はビジネスモデルハウスを、それぞれ例として掲載します。

　また、事例5のみ「提案～実現までの基本的な流れ」も紹介しています。

② 各事例は、教科書事例として読者の皆さんの参考になるよう、事例の構造化・一般化を目指す趣旨で、筆者が個人的見解に基づきあらため

て詳しく分析をし直したものであり、必ずしも実際の意思決定要因や各種事業要素、プロセスなどと全く同じものというわけではありませんので、その点ご理解ください。

● 演 習 ●

1 図9の一覧表を参考に、各地方自治体の民間提案窓口について、ルールや仕組み、実現事例を調べてみましょう。

2 調べてみた事例が、主に図11のどの類型（単独類型・複合類型）に当てはまるのか、分析してみましょう。

3 もし、調べた事例が本書の六類型に当てはまらない場合は、どのようなスキームの事業なのか、その構造を考えてみましょう。

テーマ：連携する民間の信用性はどうやって判断するの？

....

学生A 「派遣元の役所で、ある共創事業を進めようとしているのですが、関連する部署からパートナーとなる企業の信用性はどうやって判断するのか、って相談を受けたんです」

教授 「たしかに、民間から見れば行政自体の信用性は調べる必要は無いけど、行政からしてみたら、数多ある民間が共創パートナーとして信用できるか否かという点が気になるのは当然だね」

学生B 「民間だと信用調査会社に頼む場合があるよ」

学生A 「具体的にどうすればいいんですかね、信用調査会社にいちいち調べてもらうのでしょうか」

教授 「それも、コストが非常にかかるから、案件のたびにというわけにもいかないでしょうし、そういう調査だけでは、実際に連携する・しないの判断基準が難しいと思うね」

学生A 「たしかに、共創事業の予算が案件が増えるたびに増大してしまいますし、厳しい財政状況でその調査予算の確保は難しいかも」

学生B 「私は、営業の時には、直接相手方の会社に伺って、自分の目で見ることを大切にしていますよ」

教授 「そこそこ、まずは会社概要やホームページ、インターネットでの関連情報などをしっかり確認することや、必要に応じて財務書類を見せてもらうなどの対応は必須だけど、ただ座って情報を見るだけでは分からないことも多いから、Bさんの言う通り、共創パートナーとなる民間の事業所などに、行政サイドが直接訪問する機会を作って、事業所などの雰囲気を直に感じることは、実際はかなり意味があるね」

学生B 「寺山修司の言う通り『書を捨てよ、町へ出よう』ですよね」

教授 「寺山氏の作品は素晴らしいものだけど、共創では『書』もちゃんとチェックで（笑）」

第5章
共創推進の方法論や
ノウハウ、ポイント

前章では、横浜市の民間提案窓口「共創フロント」を通じて実現したさまざまな共創事業の具体的事例についてご紹介しましたが、さまざまなバリエーションやパターンの共創事業があることを知ってもらえたことと思います。

　筆者は、これまで共創フロントへの民間提案に基づく数百件の共創事業を構想・実現していく現場を体験してきましたが、そもそも我が国における共創自体の歴史が浅いために、参考にする前例がないようなものも多く、当然ルーティンで進められるものなどはほとんどありませんでした。

　それらは、共創推進室のスタッフたちが毎回頭をひねり、連携する民間企業や市役所の関連事業所管部署など、さまざまな組織や人たちの助けを借りながら試行錯誤の中で実現してきた、いわばカスタムメイドの事業ばかりです。

　しかしながら、10年を超えて蓄積されてきた経験則や数多くの事例を分析していくと、ある程度共通する要素として一定のフレームやノウハウ、ポイントなどがあることも分かってきました。

　そこで、本章では、実際に現場で共創事業を構想・実現していく読者の皆さんにとって、時々の場面で必要になってくる、実際に困るはず、と考えられるさまざまな要素について取り上げていきます。

　なお、これらの要素は、主に行政サイドにとって重要なもの、主に民間サイドにとって重要なもの、両者に共通して重要なもの、が混在していますが、共創を進めるうえでは、立場を超えて、知っておいて損はないものばかりだと考えています。

第1節　共創による事業構想の流れ

　専門書を読む際には、先に目次を見ておくと理解が深まりやすいと

言われます。物事を論理的に理解・説明したり、進めようとする場合には、最初は全体の構造や流れなど大局から把握したうえで、細部に進んでいく、いわばファンネル（漏斗）のようにしていくことが重要です。

そこでまずは、前章で紹介したような共創によるさまざまな連携事業が、通常どのような流れで構想され、創り出されていくのか、という大きなところから見ていきます。

1　公民共創事業構想サイクル（共創サイクル）

共創とは、民間組織や公的機関をはじめとした複数のパートナーやステークホルダーが、共に何らかの課題の解決につながる新たな価値を持つ事業を創出することです。これはまさに民間のビジネスにおける「起業」や「組織内での新規事業」の事業構想とほぼ同じといって良いでしょう。そのため、共創により事業を構想し創り出していく基本的な流れは、それらビジネススタートアップに関する専門書などでさまざま紹介されている流れや理論に、おのずと近いものとなります。

そのような中で、筆者が、共創を進めるうえで最も親和性の高い考え方として参考にしているのが、「事業構想サイクル（図13）」です。これは、課題解決のための新規事業を構想していくための専門教育・研究機関である、事業構想大学院大学における事業構想の流れや枠組みを表すものです。

そして、この事業構想大学院大学の事業構想サイクルの流れや考え方をベースとしつつ、筆者がこれまでの共創の実践から得た知見や、民間と行政の連携ならではの事情などを考慮し、形式や内容を修正して使用しているものが「公民共創事業構想サイクル（図14）」（以下「共創サイクル」）です。

この共創サイクルに沿って、共創の基本である対話の手法や、さまざまなビジネス思考法・フレームワークなどを活用しながら共創事業の構想を進める具体的な方法については、次章であらためて詳しく取り上げますので、まずここでは、ベースとなった事業構想サイクルの理論や解説を参考としつつ、筆者独自の視点や使用法も加え、共創サイクルの各段階の意味や内容、検討のポイントなどを中心に説明します。

　なお、共創サイクルの中にある直線的な矢印は、前章で紹介した横浜市における共創の対話手法が、主にサイクルのどの段階に対応して行われているか、ということを示していますが、その点については、本節の最後で説明します。

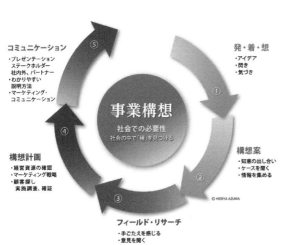

コミュニケーション ⑤
・プレゼンテーション
　ステークホルダー
　社内外、パートナー
・わかりやすい
　説明方法
・マーケティング・
　コミュニケーション

事業構想
社会での必要性
社会の中で「種」を見つける

④

構想計画
・経営資源の確認
・マーケティング戦略
・顧客探し
　実施調査、確認

③

発・着・想 ①
・アイデア
・閃き
・気づき

構想案 ②
・知恵の出し合い
・ケースを聞く
・情報を集める

© HIDEYA AZUMA

フィールド・リサーチ
・手ごたえを感じる
・意見を聞く

「発・着・想」：多種多様な授業の中で、新たな視点と気づきを得、事業の種を探します。例えば現在あるいは未来の社会の中から課題を探し、所属する企業の経営資源あるいは自身の強みを活かして解決方法を探ります。

「構想案」：知識と情報を集め、意識と意欲を持った仲間や研究者とで話し合うことで、新たな気づきを得、アイデアを膨らませていきます。

「フィールド・リサーチ」：構築した構想案が顧客に受け入れられるのか、未知の顧客にテスト・マーケティング、ヒアリングを行います。そこから新たな発見も生まれます。

「構想計画」：理想から落とし込み、構想案実現のための肝となる要素を集約した戦略プランです。過去からの推移や現状の分析といった数値に縛られず、且つ実現可能なロードマップを描きます。

「コミュニケーション」：構想を絵で指し示すように説明できるほどの説得力を持たせます。人の心を捉えて動かす事業構想には夢の共有や魅力が求められます。それをいかに伝えるかをとことん磨きます。

図13：事業構想サイクル

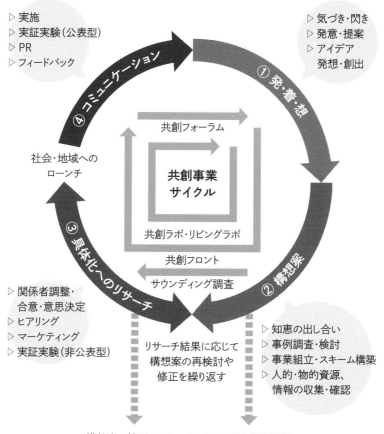

▷ 実施
▷ 実証実験(公表型)
▷ PR
▷ フィードバック

▷ 気づき・閃き
▷ 発意・提案
▷ アイデア
　発想・創出

④ コミュニケーション

① 発・着・想

共創フォーラム

**共創事業
サイクル**

社会・地域への
ローンチ

共創ラボ・リビングラボ

③ 具体化へのリサーチ

共創フロント

サウンディング調査

② 構想案

▷ 関係者調整・
　合意・意思決定
▷ ヒアリング
▷ マーケティング
▷ 実証実験(非公表型)

リサーチ結果に応じて
構想案の再検討や
修正を繰り返す

▷ 知恵の出し合い
▷ 事例調査・検討
▷ 事業組立・スキーム構築
▷ 人的・物的資源、
　情報の収集・確認

構想案の検討やリサーチにより、PFIや指定管理、
広告・ネーミングライツなど、公金支出や公募が必要な
別手続のPPP手法になる場合は、そちらの手続に移行

出典：事業構想大学院大学「事業構想サイクル ©H.AZUMA」を筆者が一部改変

図14：公民共創事業構想サイクル（共創サイクル）

(1)「発・着・想」

　発・着・想とは、自分の経験や知識の中から生まれる思いつきである「発想」、外部にある気づきのタネをもとに自分が思いつく「着想」、未経験なことを想像力で心の中に思い描く「想像」をそれぞれ意味していますが、どのような事業の構想も、最初はこれら発・着・想によって事業のタネ（Seeds）を生み出すことから始まります。

　共創事業の場合ですと、

① 民間提案の仕組みや対話の場におけるコミュニケーションから

② 住民や顧客、組織内部からの意見・要望・相談から

③ 自己の組織が持つ技術・研究・ノウハウの活用を検討する中から

④ 実際の現場やメディア、書籍などの観察や洞察を通じて生まれた、社会や地域の問題や課題、困りごと、ニーズへの関心から

⑤ 組織内外のさまざまな場でのちょっとした会話などから

　これらさまざまな機会を契機にした発・着・想から「こんな連携はどうかな？」といったような事業のタネが生まれてくるはずです。

　このタネをもとに、まずは自分の組織内メンバーや提案者、公募への応募者、対話の場のメンバーなど、何らかの形でつながったさまざまなバックグラウンドを持つ共創パートナーが中心になり、未来志向で対話を重ねながら、想定できる社会・地域課題と結びつけていくことで「この課題の解決には、こんな取り組みが有効なのではないか？」といったような、当初の事業仮説である「共創事業アイデア」を生み出していきます。

　共創事業のタネやアイデアにつながる創造的なひらめきを生み出すのに決まった形はありません。しかし、アイデア創造につながるセレ

ンディピティ[1]を生むためには、常にさまざまな視点にさらされることが必要であると言われますので、本章や次章で取り上げるさまざまなアイデア出しのための思考法やフレームワークなども積極的に活用しながら、自分の組織や共創パートナーをはじめとした多様なメンバーの間で、しっかりと共創の四原則の一つである対等な対話を行い、常にイマジネーションを持って広い発想・視点で知恵を絞ることが必要です。

　また、創造のベースとなる材料は多いに越したことはありませんので、常日頃から社会や地域のさまざまな事象に関心を持って観察・洞察をすること、自己の組織内はもとより社会や地域に広くアンテナを張ってネットワークづくりや情報収集に努めること、価値を提供する相手（課題を抱える市民や顧客）をしっかりと想像しリサーチしておくこと、なども重要になります。

　なお、筆者は、共創事業アイデアづくりの当初段階での最大のポイントとして、すべてのビジネスモデルの基本構造である「誰の課題（困りごと）を、どのような方法で、どんな価値を創造・提供して解決するか？」を考えることを基本としています。

　そして、この後に続くサイクルの流れの中で多様なステークホルダーとの調整や合意が必要となる共創事業において、もう一つ重要なポイントは、自己の組織内や共創パートナー、その他コアとなるステークホルダーといった味方の「共感」が得られるような、社会・地域課題解決に向けた「WHY?（40ページを参照）」を持つ「ビジョン」や「ストーリー」が見える共創事業アイデアを創ることだと考えてい

1　セレンディピティ（英語：serendipity）とは、素敵な偶然に出会ったり、予想外のものを発見したりすること。18世紀のイギリスの小説家であるホレース・ウォルポールが、『セレンディップの3人の王子たち（The Three Princes of Serendip）』というおとぎ話を読んで生み出した造語が語源。

ます。

(2)「構想案」

　発・着・想の段階での共創事業アイデアは、あくまで当事者や核となる関係者でつくった仮説レベルのものですので、実際に具体化していくためには、まだまだ材料も調整も足りていません。

　当初の共創事業アイデアが主要な共創パートナー間で固まってきたら、次はそれを実行するための設計図となる、完全なビジネスモデルとしての「構想案」の作成に入ります。

　この段階以降では、自分の組織内メンバーや共創パートナーだけでなく、より広く事業に関連してくる他のステークホルダーとも対話をし、さまざまな方々の知恵や力を集めながら進んでいくことになります。

　具体的には、発・着・想の段階と同じく、それらさまざまな方々との対話の場を積極的に設け、本章や次章で取り上げるような思考法やフレームワークも活用しながら、仮説である共創事業アイデアの改良・拡大・深化として、次の要素などについての検討をさらに進め、必要な作業や調整を行っていきます。

① 事業の公共性・公益性につながる、解決すべき課題とそれを抱える住民・顧客、創出・提供すべき価値などの掘り下げ・明確化
② 共創パートナー・その他のステークホルダー・社会や地域のメリットの明確化
③ 価値の創出や事業の実行に必要なスキームやリソース、活動の検討、役割分担の確認
④ 必要なコストの洗い出しと資金調達方法の検討・確認
⑤ 事業実行に直接的に必要となる手続や許認可の確認、また、租税や著作権など事業に間接的に関連する部分の確認、といったリー

ガルチェック

⑥ リスクの洗い出し、共創パートナー間のリスク分担、対処方法な
　　どの検討

⑦ 事業の評価指標や評価方法の検討

⑧ 調整先やステークホルダーの抜け漏れ確認

⑨ 協定書・契約書・覚書などの必要性や内容、適法・妥当な契約締
　　結手続の検討

　なお、共創事業アイデアづくり以降、これらの要素の検討がある程
度進んで事業スキームが見えてきたら、事業のヒト・モノ・カネの流
れを見える化するための「スキーム図」を作成すると、事業に必要な
要素の抜け漏れチェックがしやすくなるとともに、より共創パート
ナー同士や他のステークホルダーとの間での事業内容の共有と理解が
進みます。

　そして、構想案の検討状況に応じて、適宜、サイクルの次の段階に
あたる関係機関へのリサーチを行い、構想案からリサーチの間でス
ピーディーに進んだり戻ったりを繰り返しながら、修正や再検討を重
ね、構想案の内容や精度を高めていくことになります。

　この構想案を検討していく段階では、リサーチで生じた問題の解消
やスキーム部分の構築などの実務的な検討が優先してしまうことが多
いのですが、それは欠かせないとしても、特に忘れずに意識して検討
して欲しい二つのポイントがあります。一つ目は共創パートナーと社
会との関係が「三方よし（WIN-WIN-WIN）」になること、二つ目は
「公共性・公益性」と「手続の適正さ」を確保することです。

　「三方よし」は売り手よし・買い手よし・世間よしの意味で、江戸
時代の近江国（現在の滋賀県）の商人の経営理念として有名な言葉で
す。現代のさまざまな企業の経営方針などでもこの理念が広く採用さ
れていますのでご存じの方も多いと思いますが、共創においても「社

会（地域・市民など）よし・民間（企業・団体など）よし・行政よし」
の三方よし、という状態をつくることは、事業の公益性や効果、持続
可能性などを高めるために欠かせない要素になります。

　「公共性・公益性」と「手続の適正さ」は、民間同士の共創事業に
おいてもある程度必要な要素ではありますが、行政などの公的機関が
関わる場合の共創においては、より一層高いレベルでこれら二つの要
素を説明できる形にしておくことが、共創事業の正当性を確保してい
くうえで欠かせないものになります。

　これらのさまざまな要素を最低限漏らさず確認するために、筆者が
この段階で必ず意識するフレームワークが、筆者オリジナルの
「PPRPモデル」と「3PMモデル」です。また、最近ではより詳しく
要素を整理するための新しいビジネスフレームワークを活用していま
す。これらのフレームワークについては、次節以降でそれらの内容や
具体的な使い方を取り上げていきたいと思います。

　なお、この段階で、共創事業を具体化する公民連携手法としてPFI
や指定管理者制度、広告・ネーミングライツなどの、より手続強度の
高い別のルールが定まっているものを採用するほうが効果的な場合
や、共創パートナーとの契約を行う場合に公平性の担保の観点からあ
らためて公募を行うことが適切である場合（本章第6節を参照）など
は、共創事業構想サイクルからドロップアウトして、案件に応じた適
切な別手続に移行していくことになりますのでご注意ください。

　また、共創サイクルのベースとなっている事業構想サイクル（図
13）をあらためて見ていただくと、構想案からフィールド・リサーチ
を経た後に「構想計画」という段階があります。この点については、
共創事業の構想では、民間・行政・地域などといった、かなり背景や
性質が異なる多様なステークホルダーが関わるという性質上シンプル
さ・分かりやすさが必要となることや、収益面などで民間ビジネスの

新規事業ほど確度の高いビジネスモデルを構築する必要がない場合が多いことなどから便宜上その部分を省いており、構想案とリサーチの繰り返しで内容や精度を高めた結果の構想案が構想計画と同じものである、という簡略化した扱いにしていますので、両サイクルを比較した際などはご注意ください。

（3）「具体化へのリサーチ」

　発・着・想から構想案を創り上げて具体化していく過程では、検討している共創事業について、対象となる受益者の本当の課題や困りごとの解決につながるか否か？　実際に使ってもらえるサービスなどになっているか？　内容が世間ズレしていないか？　法令上・事実上の観点から実現可能か・漏れや欠陥は無いか？　などといったことを、対話を通じたリサーチにより、適宜確認しながら進めていく必要があります。

　そのためには、構想案の部分で述べた通りさまざまなタイミングで、事業に直接的・間接的に関係する組織や住民などのステークホルダーへのヒアリングや調整、根回しなどを行い、その結果を適宜構想案の方向性や内容の修正にフィードバックしていく作業が欠かせません。

　なお、このリサーチには、より広い範囲、例えば法律問題や技術的問題などの専門的要素についての専門家への確認や、地域をフィールドにしたり、地域に強いインパクトを与えたり、その他地域の協力や理解を十分に得なければならないような事業の場合における、当該地域への説明会実施や自治会・町内会、住民団体との調整、本格的な実行の前のデータ・エビデンス収集のために非公表・クローズドな形でのマーケティング・実証実験を行うこと、などが必要になる場合もあり得るでしょう。

　重要なことなので繰り返しになりますが、これらのリサーチと構想

案の段階は一方向ではなく、構想案の精度が一定程度高まる段階、つまり共創事業がローンチ（発表や開始などで世の中に送り出すこと）に耐えうるレベルになるまで、行ったり来たりを何度も繰り返していくことになります。

このリサーチ段階の最終形は、構想案とリサーチの繰り返しを経て、当該共創事業をローンチしていくことについて、共創パートナー及び各ステークホルダーが、それぞれの立場やルールに応じた合意や意思決定を済ませた状況ということになります。

なお、構想案の段階と同様に、このリサーチ段階でも、調整や調査などの結果によって別の手続に移行していく、手続的なドロップアウトが生じる場合もありますのでご注意ください。

(4)「コミュニケーション」

リサーチの段階が終わると、サービスの開始やプレスリリースなどにより、これまで検討してきた共創事業を、社会や市場にローンチし、それらとのコミュニケーションを図ることになります。

また、自動運転やAIシステムなどのICT・先端技術の活用や全く新しい流通ルート・住民参加形態を構築する場合など、本格的な社会実装の前により多くの知見やエビデンスの確保が必要となる場合に、ローンチ後のこの段階で社会実証実験を行う形を取ることもあります。これも、近年の共創事業では良くあるパターンです。

これらにより社会の中から得られた意見や実証データなどを、共創パートナーとしっかり収集・分析をし、単発的な事業であれば今後の別の取組のための知見として整理しておくこと、継続的な事業であれば改善・進化につなげていくこと、などが重要です。

共創サイクルの過程で、共創パートナー間で契約書などを作成する・しない、また、する場合のタイミングはケースバイケースだと思

いますが、そのような契約を行う場合は、事業の性質に応じて、このようなコミュニケーション段階でのデータ収集や分析・評価の内容や方法、役割分担、結果の用途などを忘れずに定めておくと良いでしょう。

　ただし、共創事業にはさまざまなバリエーションがありますので、すべてに経済効果分析などの高レベルな評価を行ってしまうと、過度なコスト増にもつながりますので、必要かつ合理的な評価のレベル感や内容、方法などについて共創パートナー間でしっかりと議論しておくことが必要です。

　なお、共創サイクルの元になった事業構想サイクルでは、コミュニケーションの後にローンチという流れが基本になるものと思われますが、共創サイクルのほうでは異なり、ローンチのタイミングをコミュニケーションの前に位置づけてあります。これは、民間だけで行う事業構想とは違い、行政が関わる共創事業の場合には、公共的な立場上何らかの正式な意思決定や公表がなされていない段階で社会への露出・コミュニケーションをすることが困難な場合が多いためです。ここは両者で異なるところなので、リサーチ段階で述べた構想案と構想計画の関係についての部分と同様に、両サイクルを比較した際などはご注意ください。

　これまで共創サイクルについて説明をしてきましたが、このサイクルは、皆さんがよく使用されるPDCAサイクルに似ていると思われるのではないでしょうか。

　たしかに基本的な構造としては似ていますが、PDCAとは大きく異なる部分があります。その違いは、発・着・想−構想案−リサーチというPlan（計画）の段階にかなり重きを置いているところと、一方通行の流れではなく、サイクルの途中段階でスピーディーに構想案

（場合によっては発・着・想）に立ち戻って何度も検討・修正を繰り返すところです。

　PDCAは事業全体の流れを示すとともに問題点を把握して改善につなげるという、大きな視点から事業のプロセスを管理・確認する意味では有効なフレームだと思います。

　しかし、新たな価値創造によるイノベーションを起こすための共創において最も重要なことは、Planの段階でいかに知恵を絞るかというところなのですが、PDCAと言ってしまうと、その大事なPlanを創るための細かい流れは示されません。また、VUCAな時代においては、当初のプランを作り込んでローンチした後で改善につなげる、という大きな流れだけでは本当のニーズに応じていくための柔軟性や機動性に欠けます。

　そこで、共創サイクルでは、PDCAの良さを活かしつつも、共創事業構想の性質に合わせた修正を図っているわけです。イメージとしては、事業全体の流れを示す大きなPDCAの各段階中に複数の小さなPDCAが入れ子構造になっていて、その小さなPDCAをスピーディーに回していきながら、その進捗状況に応じて、適宜大きなPDCAの段階を進めていくような流れです。

　この点について、ビジネスモデル構築に詳しい読者におかれては、さまざまなビジネスシーンでその限界などが指摘されている従来型の製品開発モデルではなく、近年のビジネスシーンで取り入れられているリーン・スタートアップの考え方同様の趣旨であると捉えていただくと分かりやすいと思います[2]。

....

2　リーン・スタートアップについては、次の書籍を参照してください。スティーブン・G・ブランク著、堤孝志・渡邊哲 訳『アントレプレナーの教科書（新装版）』（2016、翔泳社）、エリック・リース著、井口耕二訳『リーン・スタートアップ』（2012、日経BP）

テーマ：ビジネスモデルって行政は関係ないのでは？

学生A 「共創の授業を聞いていると、ビジネスモデルって話が良く出てきますが、ビジネスモデルって民間サイドの儲け方の仕組みのことであって、行政には関係ないと思うんです」

教授 「世間的にもそういう認識の人が多いかもしれないね」

学生B 「確かに、会社でも商売の仕組みのイメージで使ってるかも」

教授 「ではBさん、なんで君の会社に収益が上がるのかな」

学生B 「それは、顧客が会社のサービスを買ってくれるからです」

教授 「そうだね、どんな製品・サービスでも、顧客のニーズを満たす代わりに対価を得ているわけだ。では、Aさん、行政サービスの場合はどういうお金の流れになるかな」

学生A 「行政サービスは、住民ニーズを解決するサービスですが、市場性が無いので、税金で賄う形になっていると思います」

教授 「さて、両方とも、誰かのニーズや課題に対してサービスなどを提供する代わりに、何かしらの形でお金が回るという構造は一緒じゃないかな」

学生A・B 「そうですね」

教授 「ビジネスモデルの本質とは、まさにその構造のことなんだよ。誰かのニーズや困りごと、課題に対して解決につながる価値を継続的に提供する仕組みのことであって、単に収益をどう得るかだけのことではないんだ。民間の場合は製品・サービスの対価、行政は税金、という異なる収入が活動の基本だけども、価値提供と対価という基本構造は同じだよね」

学生B 「なるほど、民間も行政も、顧客や住民に何らかの価値を提供しているなら、変わらずビジネスモデルということですね」

教授 「そうそう、だから行政でも、ビジネスモデルについてのさまざまな思考法や理論は関係ないという認識は良くないんだ」

学生Ａ・Ｂ「そういうことなら、一緒に勉強しようぜ！」

教授　　　「よしよし、ビジネスモデルの試験は難しくしても大丈夫だな（笑）」

2　共創サイクルの各段階と横浜市の共創手法との関係

　本節の最後に、前章でご紹介した横浜市の共創における対話手法と共創サイクルとの関係について取り上げておきます。

　なお、サイクルの内側の直線的な矢印が、各段階におけるそれぞれの手法の活用タイミング・対応範囲を示すものになります。

(1) 共創フロント

　横浜市の民間提案窓口である共創フロントは、フリー型・テーマ型ともに、主に発・着・想における事業のタネづくりを促進する仕組みです。このタネを元に提案者である民間事業者と横浜市が共創パートナーとなり、対話を重ねながら共創事業の構想案づくりとリサーチを進め、社会へのローンチ・コミュニケーションを行っていくという流れになります。

(2) 共創ラボ・リビングラボ、共創フォーラム

　フューチャーセッション的な民間と行政の対話の場である共創ラボやリビングラボも、共創フロントと同じく発・着・想における事業のタネづくりからコミュニケーションまで、参加者との対話によって共創事業の構想を進めていく仕組みです。

　提案者と横浜市の対話が中心の共創フロントよりも、多様な参加者による対話が行われるため、より多くの共創パートナーやステークホルダーの参加により共創事業の構想が進むという特徴があります。

　また、有識者の講演やパネルディスカッション、参加者交流会などのイベント形式で広く公民対話を促進する共創フォーラムは、主に共創事業の事例や社会的トレンドの紹介や社会・地域課題の共有を通して、共創事業構想サイクルにおけるコミュニケーション段階の実践と

発・着・想段階の共創事業のタネの創出につなげていく仕組みです。

(3) サウンディング調査

行政施策や事業に対して民間の知見を活かすため、広く民間対話を募るサウンディング調査は、主に構想案の作成段階からリサーチ段階で活用する手法になります。

```
●──── 演 習 ────●

1  自分や自組織の事業の進め方と、PDCA、共創サイクルや事
   業構想サイクルとの異同について比較してみましょう。

2  リーン・スタートアップについて調べてみましょう。
```

第2節　共創事業成立に必要な要素

共創サイクルの各段階の説明でも触れましたが、共創事業を構想していく際には、検討すべき要素が多々あります。

ここでは、それらの中でも、共創事業を構想していく際に最も重要になる要素、言い換えればこれが揃わないと共創事業が成り立たないパーツについて、筆者が、それらを漏れなく・ダブりなく確認するために作成した、二つのフレームワークを通して紹介します。

共創事業に取り組まれる方は、共創サイクルの流れの中で、最低限、ここで取り上げる二つのフレームワークにある要素を意識して構想を進めていくことが必要であると考えます。

1　PPRP モデル

民間や行政を問わずどのような事業においても、一般に経営資源と

いわれる「ヒト・モノ・カネ」が必要となります[3]。

　共創事業も事業であることには変わりませんので、これらの資源が必要となることは言うまでもなく、事業を実現し運用していくには、それを創り・動かすヒトや活動に必要な物的・知的資源や情報などのモノとカネが欠かせません。

　加えて、前節の構想案の段階で説明したように、共創事業は、公共性の高い行政が関わるという性質上、それら基本的な経営資源に加え公益性や手続の適正さの確保など、特有の要素を高レベルで考慮する必要が生じます。

　それら経営資源と共創特有の要素を考慮しながら、共創事業を組み立てるにあたって最低限必要な要素となる「Purpose：目的」、「Player：人的資源」、「Resource：物的・知的資源」、「Process：過程・手続」を簡素に図式化し、それぞれの頭文字から名付けたフレームワークが、図15のPPRPモデルです。

　では、このPPRPの各要素を詳しく見ていきましょう。

（1）Purpose（目的）

　この目的は、民間と行政という異なる性質の組織が連携するという共創事業の性質上、二つの異なる役割を持つ要素として大変重要なものになります。

　まず、一つ目は、共創に取り組む多様なパートナーやステークホルダーなどの関係者に対して、同じ方向性と焦点を示すという役割です。

　共創に取り組む多様な関係者は、それぞれ異なる組織目標や活動根拠、行動様式などを持っています。そのような組織が自分事として前

3　現在ではこれらの基本3要素に「時間・情報・知的財産」などを加えたものが経営資源と言われますが、本書では分かりやすくするため、これらも含んだ意味で3要素にまとめています。

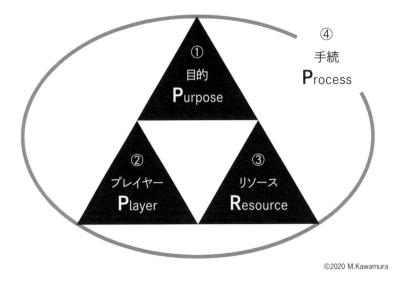

©2020 M.Kawamura

図15：PPRPモデル

向きに知恵や力を出し、連携・行動していけるよう、共創の関係者が「共感」できるビジョンやストーリーを持った目的、言い換えれば第1章で触れたゴールデン・サークル理論で言う「WHY」の部分をつくり、共有・理解をしておくことが必要になります。

二つ目は、公共性・公益性を確保するという役割です。

行政をはじめとする公共的な機関が、大なり小なり何らかの関与をし、社会にモノやサービスを送り出していく共創事業においては、その目的がしっかりと公共性・公益性を有しているということが必須になります。より具体的にいえば、具体的にどのような社会や地域の課題解決につながるか、法令などの社会的なさまざまなルールに反していないか、共創事業に関与する行政などの公的機関の施策・事業と整合性があるか、差別的な要素など社会通念上の問題はないか、地域や市民に納得してもらえるものか、などという観点があると思います。

この共創事業の目的部分が曖昧だと、パートナー間での思惑が次第にズレてしまい、事業が空中分解するおそれなどもありますし、たとえ実行に必要な資源が揃ったとしても社会や地域に受け入れられる共創事業にはなりませんので、しっかりと関係者間で対話をして固めていくことが大切です。

（2）Player（人的資源）

　事業を構想し、調整を進め、実行をし、評価するには、それを具体的に動かすためのヒトが必要になります。筆者はそれを共創事業を実現する奏者をイメージしてプレイヤーと表現しています。

　ここでは、共創事業を構想していく対話の中で、必要となる企画、調整、資源調達・提供、運営、評価、セキュリティ確保など、共創事業の性質に応じて必要となる活動を漏れなく抽出したうえで、共創パートナー間でのシェア、つまり、どの組織がコストを負担して誰を拠出または確保するか、という部分を決め、必要な人員を揃えていかなくてはなりません。

　このプレイヤーが確保できる、または確保できる見込みがある、という状況にならないと事業を進めるうえで支障をきたしますので、もし不足しそうな場合は、共創のパートナーを拡大して確保していくか、次の物的資源の一つである資金を考慮しながら一部のプレイヤーの仕事を外部に委託するなどの対応が必要になってきます。

　特に、イベントのような不特定多数の参加者が見込まれる共創事業の場合は、公共性・公益性確保の観点から通常よりも高いレベルでの安全対策や案内誘導、救護、託児などの配慮が必要になる場合がありますので、構想案を創っていく中で必要なプレイヤーの抽出や規模などをしっかりと検討しておくことが大切です。

(3) Resource（物的・知的資源）

　人的資源とともに、事業にはさまざまなリソース（資源）が必要になることは言を俟たないところでしょう。

　共創事業において必要となる物的リソースとしては、事業資金、土地や施設など事業を実施する場所、電気や水道などのインフラをはじめとした設備、利用や配布する物品などが代表的ですが、最近では広報や募集、案内、演出などを行うためのインターネット上のWEBページや各種システム、Wi-Fiなどが必要になることも多いでしょう。

　また、知的リソースとしては、事業の構想や実行に必要な専門知識・技術・ノウハウをはじめ、許認可などの権限、人や組織としてのつながりとしてのネットワークなどがあるでしょう。

　これらさまざまなリソースについても、留意点は前述のプレイヤーと同様です。

　対話の中で、事業の性質に応じて必要となる資源を漏れなく抽出したうえで、共創パートナー間でのシェア、つまり、どの組織がコストを負担して何を拠出するかという部分を決め、必要な資源を揃えていかなくてはなりません。

　そして、必要なリソースが揃わない、揃える見込みが立たない場合は事業が実行できないので、例えば資金や物品の面であれば、広告やPR的なメリットをつくることで協賛スポンサーを集めるなどの工夫をし、パートナーを拡大して調達先の確保をすることが必要になってきます。

　また、これもプレイヤーの項目で述べたのと同様ですが、公共性・公益性の確保など、共創事業特有の観点から、事業の内容に応じて、通常よりも高いレベルで、各種対応にかかる費用や場所・物品、分かりやすいPRや応募の手段などの配慮が必要になる場合があります。構想案を創っていく中では、必要なプレイヤーの検討と同時に、必要

な資源の抽出や規模・数量などをしっかりと検討しておくことが大切になります。

（4）Process（過程・手続）

　この過程・手続は、目的（Purpose）と同様に、共創事業の性質から重要になる要素で、次の二つの視点があります。

　一つ目は、共創事業の主体となるパートナー、つまり民間と行政との間の契約関係が、適切な過程・手続で結ばれているのか、という視点です。

　行政の契約行為は、公共性や公平性などの観点から、私法上の契約自由の原則が、地方自治法などの公法上の規定によりさまざまに制限されています。共創事業のパートナーシップも、契約書の有無などの形式を問わず法的にはすべて何らかの契約であることに変わりはありませんので、この制限に従うことになります。

　例えばここで問題になるパターンとしては、共創事業において行政が共創パートナーとの間で公金支出を伴う契約が必要な場合に、入札や公募プロポーザルなどの行政の会計ルール上の手続を行うことが適切であるにもかかわらず、合理的な理由なく随意契約を行ってしまったことが批判される、といった類のものが想定できるでしょう。

　この点は共創を進めるうえで最大のポイントの一つになりますので、別途本章第6節で詳細に説明をしますが、契約に至った合理的理由に関して説明責任を果たせることができれば必要以上に怖れることはないにしても、意識をしておくことは大切です。

　二つ目は、共創事業を実行するために必要な過程・手続を確保できているか、という視点です。

　これは、一つ目の契約的な視点よりも広い意味で、事業そのものの内容に応じて必要となる許認可をはじめとした法的手続に漏れはない

か、ということをしっかりと抽出・確認し、事業構想の過程の中で適切に対応するということです。

　具体的には、イベントの開催や建物・オブジェなどの物的設備を設置する場合など公共施設・空間を活用する場合に、その場所の管理法令（地方自治法や道路法、道路交通法、都市公園法など）の使用許可が漏れていないか、広告物の設置を伴う場合に屋外広告物条例上問題はないか、などがあります。

　また、飲食が関係する場合は食品衛生関連の法令、ごみが関係するならば廃棄物関連の法令、その他、医療、福祉、まちづくりなど、大抵の取組において何かしらの関連法令に基づく制限や許認可の必要性があるものだという認識で、ことにあたるくらいで良いと思います。

　その他、間接的なために忘れやすい法令上の視点としては、ヒト・モノ・カネが動く際に関係してくる可能性がある租税関連法令や、コンテンツを使う・創るときに関わってくる著作権法などの知的財産関係法令、情報やデータを使用する場合の個人情報保護関係法令、などがありますので、これらの調整が必要になるか否かも忘れずに検討し確認するようにしてください。

　この過程・手続の要素は、住民にさまざまな手続の遵守を求める側である行政が関わる以上、多少不適切かもしれないが違法とまでは言えない程度の手続漏れなどであっても、それが漏れていたために立場上は事業を中止にせざるを得ない、などといった形で共創事業の実行において致命的なことになりますし、結果として損害賠償などのリスクにもつながるところなので、構想案とリサーチを繰り返す中で、ステークホルダーとして許認可などの所管組織をしっかり抽出して対話と確認をすることや、少しでも個別の疑念が生じた場合は、ほうっておかずに法律家や税務署などの専門家・専門機関に必ず確認することを心がけてください。

なお、法的な手続ではありませんが、共創サイクルのリサーチの部分で言及したように、地域をフィールドにしたり、地域に強いインパクトを与えたり、その他地域の協力や理解を充分に得なければならない共創事業の場合には、当該地域への説明会や自治会・町内会、住民団体との調整などの過程が必要になることがありますので、この点も二つ目の視点の中で意識しておく必要があります。

2　3PMモデル

　共創事業では、民間と行政が同じ目的をもって連携することが不可欠になることは前述の通りです。

　そうはいっても、根本的な組織の存立目的を異にする民間と行政とでは、共創事業により確保したい個別のメリットに関して相違が生じるのも実際のところです。PPRPの重要な要素である目的の部分同様に、メリットが曖昧だと、パートナー間での思惑が次第にズレてしまい事業が空中分解するおそれがありますし、社会に受け入れてもらえる事業にはなりません。

　共創事業の実施から得られる各ステークホルダーそれぞれのメリットである「People Merit：市民（社会・地域）が得られるメリット」、「Private Merit：民間が得られるメリット」、「Public Merit：行政が得られるメリット」を簡素に図式化し、三方よしやWIN-WIN-WINが内容的・バランス的に確保できているかを整理・確認するために、筆者が作成し、頭文字から名付けたフレームワークが、図16の3PMモデルです。

　それぞれのメリットの具体的な内容をどう考えるか、という点については次節で詳しく説明したいと思いますが、このモデルを使用する際に最も意識して欲しい点は、単なる3つのメリットの有無だけでな

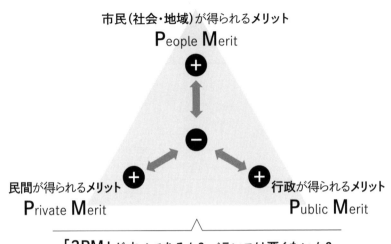

市民(社会・地域)が得られるメリット
People **M**erit

民間が得られるメリット
Private **M**erit

行政が得られるメリット
Public **M**erit

「3PM」がすべてあるか? バランスは悪くないか?
(三方良し・WIN-WIN-WINか?)

©2020 M.Kawamura

図16:3PMモデル

く、定量的・定性的・感覚的な視点からの各メリットのバランスです。

　共創事業はその性質上、社会や地域における公益性の確保と、各種資源を負担する民間と行政とが納得いくレベルでメリットを得られることとの絶妙なバランスが、事業成功の決め手になります。単純に言えば「必要なものは儲けつつ、でも過度には儲け過ぎず、社会にも自分たちにも良いことをしよう！」という感じでしょうか。

　そのため、構想案をつくる中でしっかり対話やリサーチを行い、3つのメリットをできるだけバランスよく、つまり正三角形に近い形に近づけることがベストです。

　このフレームの見方・使い方ですが、三角形の各頂点がそれぞれのメリットに対応しており、共創の基本「三方良し」を表す正三角形を基準として、各メリットが大きくなれば外側（プラス方向）に頂点が動き、メリットが小さくなれば内側（マイナス方向）に頂点が動く、

ということになります。

　より分かりやすく、一つ仮想の例を挙げてみましょう。

　ある人気アニメ映画の舞台となっているA市に、映画の配給会社から「映画とA市の両方のPRにつながるタイアップとして、アニメキャラクターとゆかりの観光スポットを紹介するポスターやWEBサイト、グッズの製作を一緒にやりませんか？」という共創提案があったとします。

　この場合に、基本的に各者が得られる基本的なメリットとしては、民間サイドは行政の協力による当該地域での映画の認知度向上に伴う興行成績や関連グッズ販売収入のアップ、行政サイドは市の施策にも合致するまちのイメージアップやアニメファンらの聖地巡礼による観光客の増加、市民や地域サイドは観光客が増えることによる経済効果などになるものと考えられます。

　これらがそれぞれ得られるのであれば、相互の内容的にもレベル感としても「三方良し」なので3PMは正三角形に近いイメージになるはずです。その場合は、共創のパートナーとの対話の中で、それぞれのメリットが実現できるようなタイアップ事業内容を構想することが基本となります。

　この三角形をいびつにする、プラス・マイナスそれぞれの場合の例ですが、例えば単なるインターネット上の観光スポット紹介だけでなく聖地巡礼スタンプラリーのようなリアルなイベントの実施や、地元事業者が限定的なライセンスを得て関連グッズを製作・販売できる、などの企画が追加されれば、民間だけでなく行政と市民のメリットはプラス方向に動くでしょう。

　逆に、民間サイドの売上などのメリットが行政よりもかなり多いにもかかわらず事業コストの大部分を行政が負担することになったり、観光を促進するような要素が薄かったり、関連グッズの製作・販売を

地域外の事業者が独占しており地元事業者が関与する余地がない、などという形であれば、行政と市民のメリットはマイナス方向に動くはずです。

　これらメリットにはさまざまな性質のものがあり、すべてが統一した基準で測れるものではなく定量的な比較だけで判断することは難しいので、どうしても定性的で感覚ベースの説明からは抜けられないのですが、定性的なものも含めた三者のメリットを漏らさずに考え、ステークホルダーに説明できるようバランスが取れたストーリーに落とし込むイメージをつくるための三角形という意味では、3PMは有効なモデルだと考えています。

　また、共創事業にはさまざまなバリエーションがあることから、各メリットが同レベルで確保できて完全な正三角形のイメージになることはあまり無いとは思います。とはいえ、まずは正三角形に近い三方良しになるよう知恵を絞りながら、特定のメリットが突出して多かったり、逆に、特定のメリットが少な過ぎて誰かが損をしてしまったりといった、いびつな三角形の3PMにならないように、共創パートナーの皆がそれぞれのメリットを意識・共有する、ということが大切なのです。

　なお、図17で、二つのいびつな3PMモデルを例示していますが、いびつだから必ず良くない、というわけではないことには注意が必要です。例えば、図17の①のままでは公益目的が必要な共創においては基本的に許容が難しいと思われますが、せっかくの民間メリットを減らすのは勿体ないので、そのメリットを活かしつつ行政や地域のプラスになるような企画を加えるなど、より大きな三角形にするようなイメージで工夫をするのが良いでしょう。図17の②については行政よりも自由度が高い民間サイドのメリットのマイナスであるため、民間サイドが納得していれば問題ない場合もあります（対価の無い寄付

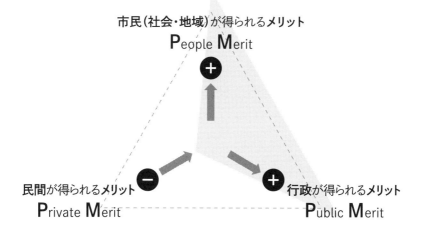

① 民間のみが極端にメリットを得るパターン

市民(社会・地域)が得られるメリット
People Merit

民間が得られるメリット
Private Merit

行政が得られるメリット
Public Merit

② 市民・行政のみが極端にメリットを得るパターン

市民(社会・地域)が得られるメリット
People Merit

民間が得られるメリット
Private Merit

行政が得られるメリット
Public Merit

※ ①は公益性の観点から望ましくないが、②は民間が納得していれば有り得る形なので注意

図17:いびつな3PMモデルの例

やボランティア協力などによる企業CSRの場合など)。

3 「失敗」事例の分析ツールとしてのPPRPモデル

　筆者が全国の地方自治体や大学、学会などから依頼を受けて講義を
すると、共創事業の必要要素だけでなく、「失敗」の要素・要因につ
いて質問されることがあります。

　「失敗」には、構想が実現できないことやローンチ後の不慮の事故、
売上や参加者の不足など、失敗の定義や見方によってさまざまなパ
ターンがありますが、リスク的なパターンを省いて「提案があり検討
を進めたものの、実現まで至らなかった」と定義するならば、PPRP
モデルを活用した検証や分析を行うことで、その要因を明らかにする
ことができます。

　多くの失敗事例は、前述したPPRPモデルに状況を当てはめた際
に、その要因が見えてきます。具体的には、4つの構成要素のうち何
かが欠如していた、ということになりますので、各要素別に解説して
いきます。

① 目的の不一致

　共創事業により達成する到達点の共通目的化は、具体的な検討を進
める際に必須なプロセスです。共創パートナーやその他ステークホル
ダーとの間で、目指すゴールイメージを共有できていなければ、当然
検討の俎上にすら上がりません。また、より川上の段階である問題・
課題認識のレベルが一致しないケースもあります。

　例えば、「少子化対策のために結婚適齢期の男女の出会いを斡旋す
るようなサービスで共創できないか」という民間提案が、ある地方自
治体にあったとしましょう。総論としては、「少子化」という大きな
問題に対する解決策として有用かもしれませんが、これは実施する地
域やエリアによりその有効性が大きく変動します。過疎化が進む地域

138

と大都市では、課題の危機感や解決のために割くコストやプライオリティ設定は全くといっていいほど異なるため、大都市向けに提案があった際には、目的のズレが生じ、前向きに共創の検討を進めることは難しい状況となります。

② プレイヤーやリソースの不足・不在

　目的の合意ができても、実現に必要なリソースの調達や、その調整を行う体制が整っていなければ、当然実現しません。いわゆる、ヒト・モノ・カネが揃わない場合がこのケースです。人員体制が脆弱で検討や調整に手が回らない場合や、キーとなるリソースの調達ができない場合は、たとえ素晴らしい提案で、双方で連携目的の合意がなされていても、現実的な問題として実現しないのです。

③ 手続の瑕疵

　民間と行政の共創に特有の失敗要因になりうるのがこの手続の瑕疵です。行政が民間と大きく違う点として、中立・公平な立場という性質に起因する、強度な契約プロセスの適正化が求められます。

　そのため行政は、なぜ特定の民間団体と連携事業の検討を進めるのか、という問いに対する手続面での説明責任を果たさなければならず、その手続が不適切であった際には、公平性を害したということで問題視されることや、場合によっては訴訟などにつながる可能性も出てくるため、行政としては非常に慎重になる点となります。

　公共調達のように、事例も多く、既存のルールに従い手続が進められるものと異なり、共創事業の契約における公平性の担保は、ケースバイケースで考えなくてはなりませんが、基本的な考え方については本章第6節で詳しく解説しているため、そちらを参照してください。

第3節　共創から得られるメリットの考え方と参考例

1　メリットの考え方

　ここでは、前節で取り上げた3PMモデルにおけるメリットについて、具体的な考え方を取り上げます。

　筆者が講義を行った際に、次のような質問や意見を頂くことがままあります。

　「横浜はイメージが良く知名度も高いし、都会で企業も多いから、いろいろな共創の取組ができるのであって、地方では民間のメリットがないから難しいのではないか？」

　確かに、まちのイメージや知名度、マーケットの規模、区域内や周辺に立地する企業の数など、横浜というまちの特性によって実現できている取組は多いと思いますので、他の地域で「全く同じ形」で共創を行うのは難しい場合もあるとは思います。

　しかし、本当に共創に必要な民間のメリットは都会にしかないのでしょうか。

筆者は、前述の質問に対して「講義の前に、この地域を見て回りましたが、都会にはない自然環境や地域特有の名勝・産品、など、民間がメリットと感じるようなものが沢山あって、かえってうらやましいです。」というような内容で答えることが多いです。

　例えば、アウトドア用品を製造・販売する企業にとっては、都会よりも地方のほうが連携に適するフィールドかもしれませんし、国内のみならず海外からも関心が高まっている日本の食という面では地方特有の料理やそのベースとなる文化や農業、漁業との関係は外せません。

　また、このような地域資源以外の視点で見ても、例えば、民間の先端技術などを実証実験する際に規制緩和や何らかの機材配付をしたり、地元企業・経済団体・地域コミュニティからの協力を得たりするときなど、かえって小さなフィールドのほうがやりやすいという場合もままあります。

　このような前提のうえで、筆者は、共創における関係者のメリットを考えるポイントとしては、民間も行政も、次の意識を持つことが大切だと考えています。

① 固定観念ではなく、広く柔軟に考えてみる

　例えば、従来型の民間と行政の関係は、受発注や補助金・助成金などの金銭のやり取りが中心になっていましたので、なかなかその発想から抜け出すのは難しいでしょう。しかし、後述するメリットの例のように、発想次第で、民間が共創により得られるメリットは金銭以外にもさまざま考えられますし、行政が提供できるメリットも想像以上にさまざま出てくるものと考えます。

② 視点の方向を変え、逆の発想をしてみる

　地方創生と共創の関係のところでも取り上げたように、これからの各地方は、他の地域と比較をして「無いもの」を見るのではなく、自分たちの地域に「有るもの」を見つける・掘り起こしていくことがと

ても大切になります。前述したように筆者の感覚でも、少し視点の方向を変えれば、大抵の地域に何か魅力や光るものが見つかるものと思っています。

③ 各地の共創事例を分析・確認してみる

　近年、全国各地で共創的な連携による地域活性化の事例は増加しており、その内容はインターネットや書籍、国などの事例集などで簡単に調べることができます。

　そのような資料を参考に、共創している関係者それぞれのメリットはなんだろう？という視点を持って事例を分析したり、当該地域の自治体の話を聞いてみたりすると（民間同士だと競合関係などで聞きにくくても、自治体から事業の説明をしてもらうほうがハードルが低いはずです）、いろいろな気づきが生まれるはずです。

④ 異なる視点の人々と、対等にしっかりと対話をする

　共創の四原則の一つである対等な対話ですが、アイデア出しなどの場面だけでなく、メリットを見出す際にも、これが重要になってきます。

　実際に人と話をしてみると、片方が当たり前だと思っていることが、もう片方には特別な価値があったりニーズに合っていたりする、ということは社会において普通にあることですし、新たな発想やイノベーションとはそういうところから生まれることも多いはずです。

　民間と行政の対話においても、思い込みを超えた思わぬ価値が見つかることがありますので、異なる立場や価値観を持つ方々が対等に対話をし、既存の知と既存の知を出し合い、ぶつけ合うことが、互いのメリットを考える際の近道になるものと考えます。

⑤ 互いに提供価値を示すことから

　メリットを考える際には、どうしても自分の組織サイドがどれだけメリットを得られるか、という視点になりがちです。

しかし、共創事業はあくまで対等のパートナーが、仲間として取り組む事業ですので、仲間内で何かを奪い合い、相手方を利用してやろうという気持ちでは、良い事業になるわけはありません。

　共創パートナー間では、相手方の価値を利用するという発想からではなく、まずは自分の提供価値を相手方にできるだけ示し、そこから互いに得られるメリットについて、相手方の気持ちや立場を踏まえながら対話をし、バランスよくシェアする、というような意識が欠かせないものと考えます。

2　メリットの参考例

　これらの考え方をベースにしながら、筆者が実際に考え・活用している、民間と行政・市民（社会・地域）それぞれが共創により得られるメリットの参考例を挙げてみると、次のようなものになります。

　これらはあくまで一例ですが、民間のメリットのほうが、その活動の多様性からバリエーションが比較的多く、行政や市民が得られるメリットのほうが「公益」そのものという性質からシンプルになることが多くなります。

【民間のメリット】

① 地域そのものから得られるもの

（1）地域が持つブランド力や好感度、知名度

（2）歴史や文化、名所旧跡、名勝、名物など地域が持つ魅力や集客力

（3）地域に住む人々の魅力や知恵・力、ネットワーク

（4）地域での知名度や好感度の向上による、販路・市場の拡大

② 地方自治体から得られるもの

（1）地域における総合調整力や組織力

（2）地域の公共機関としての信用力

(3) 地域におけるネットワーク力や広報力

(4) 許認可などの取得に関連するノウハウ

(5) 公園などの公共空間やデータなどのさまざまな資源

(6) 助成金申請などに必要となる地域連携の相手方

(7) SDGsや地方創生、CSR、CSVなどの活動の公益性向上

(8) 行政への知名度向上による、公共調達での販路の拡大

【行政、市民・地域のメリット】

③ 民間の技術や製品、サービス、サプライチェーン、ノウハウ、コンテンツ、ブランドなどの各種資源の活用により、さまざまな面でメリットが得られる

(1) 行政・市民・地域が抱える課題の解決やサービス・利便向上

(2) 行政の計画や政策、事業の効果的な推進やPR

(3) 雇用や観光推進など地域社会や経済の活性化

　ちなみに、前章でも取り上げたフィリップ・コトラー氏とナンシー・リー氏の著書の内容は、筆者がこれらのメリットを考えるときに必ず参考にするものです。この中では、民間と行政の双方にとってメリットのある共創的な提携関係を「戦略的提携関係」と位置づけたうえで、公共機関と提携した民間部門・非営利部門・その他の公共機関というパートナーが、それぞれ提供できるメリット（提供物）と獲得できるメリット（獲得対価）を図18のように整理しています[4]。

　これも、共創におけるメリットを考えるうえで一つの羅針盤になると考えます。

4　フィリップ・コトラー、ナンシー・リー著、スカイライト コンサルティング株式会社訳『社会が変わるマーケティング　民間企業の知恵を公共サービスに活かす』（2007、英知出版）、309ページ

144

パートナー	提供物	獲得対価
民間部門	・現金 ・サービス ・製品 ・流通チャネル ・既存顧客との接点 ・コミュニケーションチャネル ・労働力（ボランティア）	・専門知識技能 ・ブランド嗜好の顧客 ・販売機会 ・地域社会からの好意 ・社会的地位 ・就職先としての人気、従業員の 　満足度、企業への定着度
非営利部門	・専門技能 ・地域ネットワーク ・信頼性 ・流通チャネル ・労働力（ボランティア）	・物質的、人的、経済的資源 ・知名度 ・専門技能 ・全国ネットワーク、 　他の公共機関とのネットワーク ・公共機関の使命と目標の達成
その他の 公共機関	・影響力 ・ターゲット市場との接点 ・専門技能 ・流通チャネル	・公共機関の使命と目標の達成 ・物質的、人的、経済的資源 ・知名度 ・専門技能

出典：フィリップ・コトラー、ナンシー・リー
『社会が変わるマーケティング』（2007、英知出版）、309ページ

図18：公共機関との提携関係によるパートナーの提供物と獲得対価

これらの例を見るだけでも、発想次第でいろいろと考えられること
が理解いただけたと思います。メリットは、基本的に共創事業の構想
におけるさまざまな場面でのアイデア創出のように発想を広げる必要
があるもので、かつ、アイデアと同じくらい大切なものです。

　皆さんも、それぞれの共創の内容やパートナーの状況などに応じ
て、参考事例や前述のポイントなどを参考に、柔軟な発想でいろいろ
とメリットを考えてみてください。

● 演 習 ●

1　本節のメリットの考え方を踏まえて、自分の事業や組織には、
　　他の共創パートナーに提供できるメリットはどのようなもの
　　が想定できるかを考えてみましょう。

2　1と同様に、自分の事業や組織が共創をした場合に、他の共
　　創パートナーから、どのようなメリットを得たい、得るべき
　　か、について考えてみましょう。

3　自分の組織内の複数者で、それぞれ1・2について考えた結果
　　を持ち寄り、議論をしてみましょう。

4　他組織の複数者で、それぞれ1・2について考えた結果を持ち
　　寄り、比較して、メリットの異同や多様性を議論しましょう。

第4節　理解しておくべき民間と行政の違い

　PPRPの目的（Purpose）の説明の中でも言及しましたが、共創に
取り組む民間と行政は、それぞれ異なる組織目標や活動根拠、行動様
式などを持っています。そのため、共感できるビジョンやストー

リー、明確なメリットが必要になることは、これまでの説明で理解していただけたことと思います。

　では、そもそも何が違うのか？　というところは、イメージはあれども明確に整理できていない方が多いのではないでしょうか。まず一般的にイメージされるのは、民間は営利が目的で、行政は非営利かつ公益目的、といったところかと思います。

　共創は、あえて俗っぽく言えば「仲間を創る」ことです。仲間になるには当然に相手のことを知らなくては始まりませんので、ここでしっかりと理解をしておくために、両者の違いと類似性について整理をされている専門家の知見を借りて確認してみましょう。

　中央大学名誉教授の佐々木信夫氏は、行動原理や組織目的などの10の項目に分けて、民間と行政の違いについて図19の通り分類しています[5]。

　近年では、民間もSDGsやCSR・CSVに取り組むなどの公益的活動に力を入れてきていますし、行政も民間的な経営手法を取り入れるなど異なる部分の差が縮まってきている場合もあり、単純には言い切れないところもあります。しかしながら、基本的な差異の部分については、この図に取り上げられているような違いがあるものと考えて良いでしょう。

　この図からは、さまざまな気づきがあると思います。例えば、行動原理や活動資源、活動の柔軟性の違いを見れば資源提供の自由度に差があること。組織目的や成果の尺度、顧客の範囲の違いを見ればメリットや成果指標が異なってくること。そして、戦略の決定の違いを見れば組織が共創そのものに取り組む意思決定方法とそれに必要な要

5　佐々木信夫『日本行政学』（2013、学陽書房）、20ページ

		民間	行政
1	行動原理	自分のカネで 自分のために働く	他人のカネで 他人のために働く
2	その規模	大小さまざまだが、 総じて小さい	概して会社組織より大きい
3	その業務	総じて、 単純化しうる業務内容	規模の大小にかかわらず、 多種多様
4	組織目的	利益の極大化	公共福祉の極大化
5	成果の尺度	利潤、売上などを 数値で計測	利潤などに相当する 統一的尺度なし
6	活動資源	自己活動から得た 利益が原資	国民の納付した税金が資源 （自治体は国からの 資金が多い）
7	競争条件	常に競争にさらされる （倒産あり）	地域独占的な性格をもつ （倒産なし）
8	活動の柔軟性	組織活動を規律する 規則は少ない （活動は柔軟性に富む）	組織活動を規律する 規則がこと細かい （活動は柔軟性に欠ける）
9	戦略の決定	会社自身 （重役会議、株主総会）	究極は政治の メカニズムによる
10	顧客の範囲	商品サービスの購買者	公共サービスを 受益できる権利者

出典：佐々木信夫『日本行政学』（2013、学陽書房）、20ページ

図19：民間と行政の違い

素が異なってくることなどです。

　民間サイドも行政サイドも、前提としてこれらの違いをしっかりと認識しておくことで、その対応・対策も事前に考えられますし、対話においても互いの理解が深まり、より良い連携につながるのではないでしょうか。

　また、公民連携というマルチステークホルダー間での提携関係を築く難しさについて、フィリップ・コトラー氏とナンシー・リー氏は、前節でも引用した書籍の中で、以下のようなことを述べています[6]。

　　提携関係の難しさとリスク
　　　1.　パートナーを探し、相手のことを理解し、共同で意思決定を行い、それぞれ承認を取るというプロセスが必要となるため、単独での実施に比べ、正式な合意形成にたどり着くまでに時間を要する
　　　2.　成功の一因に「妥協」あり（双方のメリットのバランス）
　　　3.　連携する民間企業などの社会的な「マイナスの評価」に起因する、公共機関への負の波及効果
　　　4.　顧客となる可能性のある人たち（市民など）からの「疑いの目（スメル・テスト）」

　これらの現実的・心理的なリスクを許容しなければ、良好な提携関係を築くことは難しいという指摘は、複数のステークホルダーでの連携関係構築をコーディネートする筆者の肌感覚としても、的確だと感じます。

　共創事業の実現のためのポイントは、社会的な役割が異なる組織同

6　コトラー・リー（2007、331ページ）を引用者が一部修正。

士であることを自覚し、まずお互いの置かれている立場や事情への相互理解を深め、さまざまな壁を共に乗り越えていくこと。その信頼関係を築くためには一定の時間やコミュニケーションも必要ですので、基本的には、「急がば回れ」の精神で進めることをお勧めします。

● 演 習 ●

本節や自分の経験などを参考に、民間と行政の違いをあらためて考えてみましょう。

第5節　共創事業での資金調達方法

　メリットの次は、共創事業を実現し運用していくために最も重要なリソースである事業資金の調達方法について取り上げます。ビジネスワードだと事業のキャッシュポイントの作り方などといった表現になるでしょう。

　民間ビジネスにおける基本的な収益モデルは、製品・サービスを顧客に提供して対価を得るという形です。

　また最近ではICTの進化に伴い、基本サービスは無料で特別なサービスからは課金をするフリーミアムモデルや、定額で製品・サービスを提供するサブスクリプション（サブスク）モデルなど、さまざまなアイデアによって新たな収益モデルのバリエーションが生み出され、拡大してきています。

　公益目的が強い共創事業の場合ですと、サービス・製品の対価を住民などの受益者から直接得るという基本的な形や、税金などをベースとした行政の予算をストレートに共創事業の経費に投入する形、などを収益モデルとして事業資金を調達していくことは、あまり適切なや

1	民間負担型	A：CSR型	
		B：間接回収型	a：広告・スポンサー型 （クラウドファンディング・ ふるさと納税活用を含む）
			b：他機会回収型
			c：その他
		C：直接回収型	
		D：経費削減型	
2	補助金・ 助成金確保型	A：単独申請型	
		B：共同申請型	
3	行政負担型		

図20：共創事業の資金調達方法パターン

り方ではなかったり、行政予算の制約や契約の仕組み上ハードルが高かったりするものと思われますので、共創パートナー間でいろいろとアイデアを出し合いながら、近年の民間ビジネスにおける新たな収益モデルのバリエーションのような、事業の内容に応じた柔軟で実行可能な資金の調達方法を考える必要があります。

　この工夫の参考にしていただくために、これまで筆者が、横浜市の共創フロントを通じて実現してきた数多くの事業におけるイニシャル・ランニング資金の調達方法を、事業資金の出し手の違いと調達・回収方法により分類し類型化したのが図20です。これに沿って、各類型の内容と具体例を説明していきたいと思います。

1　民間負担型

　共創パートナーのうちの民間サイドが、共創事業に必要な資金を負

担するパターンです。

　行政が資金を負担するよりも、法令上の制限などの手続強度が低く柔軟性が高いので共創事業において最も活用されるパターンですが、そうは言っても民間が資金を負担する以上は、民間サイドのステークホルダーが納得できる理由づくりや、事実上で資金負担のバーターとなる民間のメリットづくりについて、行政が理解して受け入れ、しっかり対応をすることが、3PMの観点からも大切になります。

　これは柔軟性が高いため、A〜Dの複数のパターンに分けられます。

（1）CSR型（1－Aパターン）

　共創パートナーとなる民間が、社会貢献や寄付として事業資金や物品などの資源を負担し、負担した資金などの回収は基本的に行われないものです。

　ただし、寄付による民間のCSR活動の促進だけではなく、企業や製品の認知度や信頼感の向上などの間接的・非金銭的な民間メリットがある場合も考えられます。

　このパターンの具体例としては、次のような共創事業があります。

① 木造建築の密集地域の防火対策のために耐震ブレーカー本体と設置費用を、当該地域に民間が寄付・負担する事業。なお、民間のCSR以外のメリットは、行政や地域における耐震ブレーカーの認知度や普及度の向上。【住友商事株式会社、セントケア・ホールディング株式会社との共創事例】

② 小中学校生徒の熱中症対策のために、各学校に経口補水液を提供し、その費用を民間が負担する事業。なお、民間のCSR以外のメリットは、新製品の認知度の向上。【株式会社テクノシステムとの共創事例】

③ 玩具をモデルチェンジした際に、旧モデルを福祉や子育て支援施

設・団体に寄付する事業。民間のCSR以外のメリットは在庫の有効活用。【株式会社バンダイとの共創事例】

（2）間接回収型（1−Bパターン）

共創パートナー以外の第三者である民間サイドの人や組織が事業資金を負担・提供するもので、次の3つのパターンに分かれます。

第一は、広告・スポンサー型です。共創事業に広告・PR効果が見出せる場合に、第三者のスポンサーを確保し、事業資金を確保していくパターンです。（1−B−a）

これの類似パターンとしては、事業目的や内容などに共感を得られる場合に、第三者からのクラウドファンディングやふるさと納税、その他寄付などにより資金確保をするパターンもあります。

このパターンの具体例としては、未就学児向けの防災啓発絵本を印刷会社が製作し、横浜市が監修及び市立保育園や福祉施設への配布ルートを調整。特定のターゲットに向けた大量の配布が行われるために広告価値が生まれたことで、製作費を当該印刷会社以外の広告スポンサーが負担するという形の共創事業があります。【株式会社協進印刷との共創事例】

第二は、他機会回収型です。共創事業により得られた、製品やサービス、知的財産、データ、ノウハウなどの成果を、共創パートナー以外の他の組織に提供することによる利益を見込んで、民間が投資的に共創事業資金を事前に負担するパターンです。（1−B−b）

このパターンの具体例としては、イントロダクションや第4章第2節3（1）の事例5で取り上げた、AIチャットボットの「イーオのごみ分別案内」が代表的なものです。

第三は、その他間接型です。共創事業によるイメージアップやPR効果に関連して、民間サイドの関連事業・別事業の収益が上がること

（売上増や会員増など）も見込んで、民間が広告宣伝費用などとして
投資的に事業資金を事前に負担するパターンです。（1－B－c）

このパターンの具体例としては、第4章第2節3（1）の事例6で取
り上げた、アニメ・ゲームコンテンツとの連携である、「ピカチュウ
大量発生チュウ！」が代表的なものです。

（3）直接回収型（1－Cパターン）

共創事業自体から生まれる製品やサービスなどを民間サイドが販売
をし、その直接的な収益をもって事業経費にあてるパターンです。

このパターンの具体例としては、第4章第2節3（1）の事例1と2
で取り上げたランチパックやone zooが代表的なものです。それ以外
にも、市立図書館が保管する、デザイン性が高い明治時代の地元花火
製造会社のカタログ図像を有効活用し、デザイン会社と印刷会社がポ
ストカードを製作し市内の店舗で土産物などとして販売。埋もれた価
値ある資料を活用することで横浜の歴史を紹介できる、地元企業の新
製品が生まれた共創事業があり、その売上の一部は市立図書館に現物
で提供されています。【株式会社NDCグラフィックス、光画コミュニ
ケーションプロダクツ株式会社との共創事例】

なお、このパターンでは予想以上に大きく民間収益が得られること
があります。ここは3PMにおける行政や市民サイドのメリットとの
相関関係とバランス次第なのでケースバイケースになるとは思います
が、事例のポストカードのように、一定の売上を地域や行政のために
寄付する契約や共創事業への再投資などを定める契約を事前に締結し
ておくことを考えても良いかもしれません。

（4）経費削減型（1－Dパターン）

共創事業により、従来かかっていた民間サイドのコストが削減され

ることで原資が生まれ、その原資をもとに共創事業の資金を民間が負担するパターンです。

このパターンの具体例としては、イントロダクションや次章で紹介している、閉店・改装するコンビニの在庫商品活用が代表的なものです。

2 補助金・助成金確保型

共創パートナーとなる行政サイドからではなく、国などの別の公的機関やさまざまな社団・財団などの公益的組織などからの補助金や助成金を得て、共創事業の資金とするパターンです。

これは、それらに補助金などの申請をする主体の形態により2つのパターンに分かれます。

第一は、単独申請型です。共創パートナー間の合意に基づき、パートナーの一部の組織が、単独で補助金・助成金などの申請を行うパターンです。申請主体としては、当該補助金・助成金申請のルールに基づき、民間または行政が行うことになります。（2－Aパターン）

第二は、共同申請型です。このパターンには、共創パートナーが何らかの形で連携して申請する場合や民間が申請するものに対して行政が実証フィールド・関連データの提供者などの間接的な立場で協力・支援する場合などがあります。（2－Bパターン）

これも、当該補助金・助成金申請のルールに基づき、申請主体が決まってきます。

3 行政負担型

共創パートナーのうちの行政サイドが、共創事業に必要な資金を負担するパターンです。

ただ、行政からの資金は公的な性質上、民間に比較して予算の自由

度・仕組みの違いや手続強度の高さなどから、特定の民間に対する随意契約などによる柔軟な支出は難しく、タイムリーな事業資金確保手段として活用するのは困難な場合が多いと思われます。

また、行政の公金を使用する場合、仕様を細かく特定せざるを得ない場合が多く、事例として取り上げた「イーオのごみ分別案内」におけるユーモアのあるAIの回答などのように、対話を重ねる中で適宜柔軟にアイデアを加えていくような共創事業ならではの良さが発揮できないおそれがあります。行政としては、発注のための仕様書に「ウイットに富んだ適切なジョークを入れること」とか「かっこよく、オシャレにすること」などとは、なかなか書きにくいはずです。

そのため、このパターンを共創事業で採用していく場合は、まずは前述の2パターンの資金調達方法を工夫して、ある程度実験的に共創事業を実行した後に、その成果や効果に関するエビデンスを確保したうえで、行政サイドが事業化・予算化していくほうが現実的ですし、新たなマーケットの創出という意味で、民間の将来的なメリットにつながるでしょう。

ただし、行政において事業化され予算が付いた場合は、通常の受発注ルールである入札や公募プロポーザルなどの契約手続が必要となる場合があるため、共創パートナーとの事業継続が必ずできるというわけではなくなる点に注意が必要です。

例外として、このパターンにつなげていく事業展開はあり得ます。具体的には、先行して民間などの負担による共創事業で実証実験などを行った結果、課題解決に有効な製品やサービスが生まれ、他の民間には未だ同レベルのものは無い場合のように、実験後の随意契約締結について適切かつ合理的理由が確保できる場合などです。

以上、筆者の共創の実践から類型化した、さまざまな資金調達パターンについてご紹介しました。各パターンは組み合わせることも可

能ですし、ここで取り上げたもの以外にも、新たな形があると思いますので、読者の皆さんもいろいろ考え、工夫を凝らしてみて新たなパターンを増やしていってみてください。

　なお、筆者が携わってきた共創事業のほとんどは、1の民間負担型のいずれかのパターンを活用して実施しています。これは、共創サイクルやPPRP、3PMの説明の中でもたびたび言及した通り、共創事業構想の対話の中で、民間サイドが納得できる内容とレベルで、金銭以外のメリットをしっかりと考えて共有することを心掛け、実際に行政サイドが理解して実行していることが要因だと考えます。

4　連携事業で生じた収益をどう考えるか

　さて、この資金調達方法の議論に関係して、筆者が講義などにおいてよく質問される内容として「行政との連携事業で民間が儲けるのは良くないことなのではないか？」というものがあります。

　確かに、ある共創事業において、3PMのバランスが悪い、例えば、民間サイドの得る金銭的メリットが事業経費や公益に使用される費用と比較して極端に高い、というような形になってしまっているのであれば、行政や地域が公益ではなく民間の商売のために働いている、といったような指摘や批判をされることも避けられないでしょう。これは行政の基本である公共性や公平性を考えれば当然のことです。

　しかし、これまで述べてきた通り、既に従来のやり方、つまり行政主導で、その知恵や力だけでは、社会・地域の課題を解決していくことが困難な時代に入っていることは論を待たないところであり、そのような時代に対応していくには、固定観念に捕らわれない柔軟な発想によるイノベーションを創出することが不可欠です。

　そして、民間と行政が互いに知恵と力を出し合いながら諸課題を解決することができるオープンイノベーションの取組の一つとしての共

創は、今後より一層不可欠なものになってくるはずです。

　何らかの事業を行い、継続していくには資金が必要であり、すべて対価の無い寄付やボランティアで賄っていくというわけにはいきませんので、資金の根拠となる何らかの収益源は必要です。

　共創事業における民間の収益は良くないものである、という硬直的で極端な考え方をとってしまうと、短期的であればうまくいくこともあるかもしれませんが、中長期的な持続可能性のある事業を創ることは困難だと思いますし、短期的な取組ですぐに解決できるような課題は、社会や地域の中でのごく僅かなものではないでしょうか。

　例えば、民間負担型の共創事業を実行していく場合は、事業経費に加えて民間サイドにある程度収益が上がる形でないと、事業の継続や改善、トラブル対応などの追加経費が出しにくくなり、結局その影響は地域や住民などの受益者に及びます。

　それに、世界的にも民間と行政のパートナーシップにおける重要な要素は、資金面も含めたリスクの民間移転とされています[7]。本書で取り上げているようなパートナーシップにおいても、行政サイドは自己のルール上なかなか柔軟な経費支出が難しいわけですから、代わりに柔軟性の高い民間サイドが資金リスクを分担して負う場合に、常識的な範囲で民間の金銭的メリットに対しても一定程度の理解と協力をするのが、適切な民間と行政のパートナーシップであると考えられます。

　そこで、行政が関与する公益的な事業であるという性質と、事業実施や継続の費用のために一定の収益を得る必要があるという性質の両者を踏まえ、合理的な共創事業構想とその説明責任を果たすために必要な視点が前述の3PMなのです。

7　　OECD編著、平井文三監訳『官民パートナーシップ PPP・PFI プロジェクトの成功と財政負担』（2014、明石書店）、15 〜 18ページ

しっかりと3PMのバランスを意識して、共創パートナー間の対話の中で知恵を絞ってアイデアを生み出し、収益についてもバランスの良い事業の形を考えれば、行政サイドも合理的な説明責任を果たすことはできるのではないでしょうか。

　もし、民間サイドの収益が大きくなりメリットのバランスが崩れそうであれば、資金調達パターン「直接回収型」で言及したように、一定額を公共的な寄付に回す仕組みにすることや、継続的な共創事業であれば改善経費に使用する、当該事業以外の新たな共創事業の原資にするなど、合理的な説明責任を果たせるやり方はいろいろ考えられるはずです。

　また、これらに関連することですが、株主などへの配当を行う「営利」と事業での「収益」・「利益」は異なる概念です。例えば、NPOは非営利法人ですので会員や寄付者などへの配当はできませんが、事業を遂行するために何らかの手段で収益や利益を得ることは問題ありません。この概念の違いを混同してしまっている方をまま見かけます。共創事業の構想を進めるなかで、たまに出てくる話なので、これもしっかりと理解し説明できるようにしておくことが良いでしょう。

　なお、本節では、共創事業においてはイニシャルコストとランニングコストの両者をまとめて構想していくことが多いため及び説明が複雑になることを避けるため、あえて事業開始のためのイニシャル資金と事業運営・継続のためのランニング資金を区別せずに説明を進めてきましたので、その点ご注意ください。

● 演 習 ●

1 民間と行政の連携の事例を、書籍やインターネットで調べて
抽出したうえで、本節の記述や前節の事例を参考に、その資
金調達の方法について分析してみましょう。

2 本節のパターン以外の共創事業の資金調達パターンはないか
検討・議論してみましょう。

第6節　共創における公平性を考える

　筆者が、共創に関する講義を行うと、最も多い相談や質問が「特定
の民間と行政が連携しようとすると、なぜこの企業なのか？公募をし
なくていいのか？公平性に問題があるのではないか？などの意見が出
てしまい、なかなか連携が進まない」という、共創における公平性に
ついての議論に関するものです。

　例えば、ある民間企業が共創事業のアイデアを地方自治体に提案し
た際に、公平性の確保という観点で、その地方自治体がそのアイデア
をタダで掠め取って仕様書を作り公募をした結果、当該民間企業は選
定から漏れ、その仕様書をヒントにして提案をした別の民間企業が選
定されて同様の事業を行ったとします。これにより、その地方自治体
サイドとしては公募により公平性が確保できた気持ちになり安心なの
でしょうが、当初の提案者サイドにとってはせっかくのアイデアの出
し損になってしまいますので、もし筆者が経営者や担当者ならば二度
とその地方自治体に提案をしようとは思わないでしょう。はたしてこ
のように一側面だけの都合に沿った不合理なことが、本当に正しい公
平性の確保なのでしょうか？

　たしかに、常に公共性・公平性が求められる行政が関わる以上、公

平性を確保することは共創事業においても大前提になりますが、このような杓子定規な対応ばかりですと、共創の4つの原則にも反しますし、そもそも共創を推進することは難しいでしょう。

　さて、読者の皆さんは、この公平性について明確に説明できるでしょうか。それは、レベル感や解釈の幅がない単一的・絶対的なものなのでしょうか。

　公平性という言葉は、思考停止に陥りやすいマジックワード、つまり、使う側からすれば、なんとなく曖昧でも意味があるようにいつでも使える便利な言葉ですし、言われた側からすると、意味はなんとなく理解した気持ちになるのだが、具体性はなく対応が分からない、そんな魔法の言葉の一つではないでしょうか。

　筆者は、日本各地で共創を進め、イノベーションによる社会や地域の課題解決を進めていくにあたっては、この点が最も大きなハードルになってしまっていると考えています。

　公平性について、あいまいに浅く認識したままでは、なんとなく怖いから、なんとなくダメじゃないか……というような、非論理的で後ろ向きの発想になってしまい、これでは本質とは異なるところでイノベーションが阻害されてしまいます。

　共創事業において公平性が問題とされる場面はいくつかあるのですが[8]、最も読者の皆さんが直面するものは、民間と行政が連携をする場合の関係づくり、つまり共創パートナー間の契約の場面での公平性で

8　例えば、本文で問題としているもの以外に、イベントへの住民参加や物資の配布の公平性など、主に事業の受益者に対する公平性の問題がありますが、これは本文で問題としている制度やルールの問題ではなく主に事業スキーム自体の問題であること、そして、制限が多い契約手続に比較して判断の自由度が高く合理的な判断がしやすいことから、ここでは検討しません。
　ただし、この意味での公平性も、共創事業の公共性・公益性確保の視点からはとても重要なので、共創事業を構想する過程で必要に応じた検討を忘れないようにしてください。

しょう。

　民間と行政が共創をするにあたっては、紳士協定的な包括連携協定から個別の事業の詳細を定める覚書まで、また、そのような書面を作らなかった場合であっても、法的な権利義務や拘束力の強弱はあれども、基本的に何らかの契約関係が生じることになります。

　そこで、本節では、各地域における基本的な行政機関である地方自治体を例として、共創を進める際のパートナー間の契約において求められる公平性とは何なのか、どのように公平性を確保していくべきか、ということについて、いくつかの視点から検討するとともに、共創事業を構想していく中で筆者が模索しながら実践している考え方について取り上げていきます。

1　法令上の検討

　まずは、公平性に関する法律的な側面から見ていきます。

　そこで、最も基本となる部分、地方自治体の法令上の契約原則について、地方自治法及び同法施行令（以下本節では「法」及び「施行令」又は「法令」とします。）の関係条文を確認してみましょう（図21）。

　この法及び施行令の内容からは、次のルールが分かります。
① 「売買、賃借、請負その他の契約」とあるように、地方自治体のあらゆる契約において同条が適用されること。
② 広く参入機会を与える一般競争入札が原則であり、競争が制限される指名競争入札や随意契約は例外であること。
③ 入札は、契約によりやり取りされる金銭の多寡により契約相手方を選定するものであること。
④ 性質や目的が、競争入札に適さない契約は随意契約が可能なこと。
　地方自治体が契約相手方を決める際には、法令上の原則としてこの

〔地方自治法〕（昭和二十二年法律第六十七号）

（契約の締結）

第二百三十四条　売買、貸借、請負その他の契約は、一般競争入札、指名競争入札、随意契約又はせり売りの方法により締結するものとする。

2　前項の指名競争入札、随意契約又はせり売りは、政令で定める場合に該当するときに限り、これによることができる。

3　普通地方公共団体は、一般競争入札又は指名競争入札（以下この条において「競争入札」という。）に付する場合においては、政令の定めるところにより、契約の目的に応じ、予定価格の制限の範囲内で最高又は最低の価格をもつて申込みをした者を契約の相手方とするものとする。（後略）

4～6　略

〔地方自治法施行令〕（昭和二十二年政令第十六号）

（随意契約）

第百六十七条の二　地方自治法第二百三十四条第二項の規定により随意契約によることができる場合は、次に掲げる場合とする。

一　売買、貸借、請負その他の契約でその予定価格（貸借の契約にあつては、予定賃貸借料の年額又は総額）が別表第五上欄に掲げる契約の種類に応じ同表下欄に定める額の範囲内において普通地方公共団体の規則で定める額を超えないものをするとき。

二　不動産の買入れ又は借入れ、普通地方公共団体が必要とする物品の製造、修理、加工又は納入に使用させるため必要な物品の売払いその他の契約でその性質又は目的が競争入札に適しないものをするとき。

三～六　略

七　時価に比して著しく有利な価格で契約を締結することができる見込みのあるとき。

八～九　略

※　条文の本書記述関連部分に筆者が下線を加筆

図21：地方自治法・施行令の契約規定（抜粋）

ルールに従えば契約の公平性が担保できる、と考えて良いわけです。

　これを共創事業の契約として見ると、共創事業のパートナーである民間と行政が契約関係を結ぶにあたり、金銭のやり取りがあり、単純にその多寡により相手方を決めることができる場合は、ルール通りに一般競争入札が原則になります。

　しかし、共創事業のほとんどは、行政における一般的な契約関係つまり単なる発注者と受注者という上下関係ではなく、パートナー間の理解と信頼に基づき相互の知恵や資源を出し合う対等の連携関係であり、単純に金銭の多寡のみでパートナーを選べるような形のものではありません。例えば、本書で数多く取り上げているような一定の決まった手法や形のない共創事業については、ほぼ行政サイドの支出など契約当事者間の直接的な金銭のやり取りはないもので、その代わりに本章第3節で取り上げたようなさまざまな非金銭的メリットを、共創パートナーがそれぞれ提供・獲得し合うパターンになります。

　このような金銭支出がない場合の共創であっても、契約である以上、前述の地方自治法上の入札原則が適用されることになるわけですが、金銭のやり取りがないので、不特定多数の者を競争させて金銭的に最も有利な条件を提示した者と契約を行う入札はそもそも行うことはできず、法令のルールに従っても必然的に、例外である「（契約の）性質又は目的が競争入札に適さないもの」（施行令167条の2第1項第2号）にあたることになります。

　また、行政の支出金額が0円という視点では、「地方自治体の規則で定める額を超えないもの」や「時価に比して著しく有利な価格」（令167条の二第1項1号、7号）にあたるので、この規定から見ても、随意契約を行う法令上の問題はないことになります。

　ただし、ひとことに随意契約といっても、特定の相手方を任意に選定できる単独随意契約から、二者以上の見積書を比較して契約相手を

定める見積り合わせによる随意契約、公募によるコンペやプロポーザルを行ったうえでの随意契約まで、方法や手続強度の差異によりいくつかのバリエーションがありますが、具体的なケースに応じ、どのバリエーションで行えば公平性が確保できるのか、つまり皆さんが困るところの公募の可否などという手続的なところまでは、法令上は明確ではありません。

　おそらく、法令をより具体化する形で決められている各地方自治体の契約規則などでも、明確に金銭的な判断ができる線引きなどはあれども、通常の受発注ではない形の共創事業における判断基準は、明確ではないでしょう。

　では、この契約の性質又は目的が競争入札に適さない場合について、裁判所の判例ではどのような基準を示しているのでしょうか。ちょっと長いのですが重要な判例なので、引用して確認してみましょう。

　「その性質又は目的が競争入札に適しないものをするときとは、（中略）当該契約の性質又は目的に照らして競争入札の方法による契約の締結が不可能又は著しく困難というべき場合がこれに該当することは疑いがないが、必ずしもこのような場合に限定されるものではなく、競争入札の方法によること自体が不可能又は著しく困難とはいえないが、不特定多数の者の参加を求め競争原理に基づいて契約の相手方を決定することが必ずしも適当ではなく、当該契約自体では多少とも価格の有利性を犠牲にする結果になるとしても、普通地方公共団体において当該契約の目的、内容に照らしそれに相応する資力、信用、技術、経験等を有する相手方を選定しその者との間で契約の締結をするという方法をとるのが当該契約の性質に照らし又はその目的を究極的に達成する上でより妥当であり、ひいては当該普通地方公共団体の利益の増進につながると合理的に判断される場合も（中略）該当するも

のと解すべきである。そして、右のような場合に該当するか否かは、契約の公正及び価格の有利性を図ることを目的として普通地方公共団体の契約締結の方法に制限を加えている前記法及び令の趣旨を勘案し、個々具体的な契約ごとに、当該契約の種類、内容、性質、目的等諸般の事情を考慮して当該普通地方公共団体の契約担当者の合理的な裁量判断により決定されるべきものと解するのが相当である。」とされています。（最二小判昭62.3.20）

　この判例のポイントは、競争入札に適さないものを判断するにあたっては、法や施行令の趣旨に反しない形で、個々の契約の種類、内容、性質、目的などの事情を考慮して合理的に裁量判断すべき、ということになります。この基準で見れば、共創事業の契約を随意契約で行うことは、しっかりと合理的な理由をつくれば、特に問題になるとは思えません。その意味で、その判断の柱を示している判例としては大変重要なものなのですが、要素の抽象度が高いですし、法・施行令と同様に随意契約の中でどのようなバリエーションやレベル感のものを行うか、ということまでは明確にではありませんので、実務的にストレートに使用するにはちょっと厳しいですね。

　以上、法律面から地方自治体の契約における公平性について見てきましたが、共創事業におけるパートナー間の契約において、法や施行令の趣旨を踏まえた合理的な判断ならば随意契約でも契約の公平性は確保可能だけれども、具体的にどのようなやり方ならば公平性が確保できたと言えるのか、という詳細までは明確ではないことが理解できたと思います。

　そして、公共的な地方自治体、そして全体の奉仕者であり中立かつ公正な職務を行うべき地方公務員が関わる事業の場合には、その立場上、契約についての住民への説明責任や見え方、反応などの法律論だけではない事実上の部分も意識せざるを得ません。

おそらく、このあたりの、法令や判例の不明確さ・抽象度と事実上行政に求められる立場という両面にまたがる複合的な要素が「公平性」というワードとして現れ、「随意契約とは言っても、やはり提案者との単独随意契約ではなく、より強度な手続である公募プロポーザルをしておくのが行政としては公平性の観点から安心ではないか」という意見を招き、特定の共創パートナーとの連携を進めたい読者の皆さんの前に立ちふさがる制度的・心理的ハードルになっているのではないかと思います。

2 公平性の性質からの検討

次に、視点を変えて公平性そのものの性質から、そもそも公平性とは何か、公平性を確保するとはどういうことか、について見てみましょう。

公平性については人により多様な考え方があり、昔からさまざまな学問分野において議論されているところですが、最終的に何が公平であるかということに完全な定説はないもの思われます。しかし、本書ではそのような議論に深入りする必要はないため、ここでは本節の検討に必要な程度で、公平性に関する基本的な考え方に基づいて見ていきたいと思います[9]。

まず公平性の基本的な定義としては「水平的公平性」と「垂直的公平性」があります。前者は「等しいものは等しく扱う」こと、分かりやすく課税の場合で見ると、資力にかかわらず一定の税がかかる消費

9　公平性については、以下の文献などを参考にしたうえで、筆者の理解しているところを記載しています。
　　▷石川経夫『所得と富』（1991、岩波書店）、山重慎二「公平性の観点からの政策評価」『会計検査研究第22号』（2000、会計検査院）、秋吉貴雄、伊藤修一郎、北山俊哉著『公共政策学の基礎〔新版〕』（2015、有斐閣）。

税の場合です。後者は合理的な理由に基づき「等しくないものを等しくなく扱う」こと、課税でいえば累進制で資力に応じ税率が変わる所得税の場合です。

　この視点から地方自治体の契約ルールを見てみると、地方自治法では、一定の資格がある者であれば広く参入可能で、入札金額の多寡という明確で公平な基準で落札される一般競争入札が契約の原則とされていることから、契約においては基本的に水平的公平性を確保できる形式や手続が求められているものと考えられます。後者については、例えば、地域経済の活性化を目的として、中小企業には単純な競争原理を適用せず、大企業よりも優先的な発注をするなど、政策的・合理的な配慮による、企業の規模の差などに応じて等しくない例外的な取り扱いをするような場合になると思われます。

　そして、公平性を確保するという視点としては「結果の公平性」と「プロセスの公平性」があると考えられます。

　これは、分配するものが分割できない又は等分に分配できないために分配結果が不公平になる場合は、分配のプロセスを公平に行うことで結果の不公平を納得してもらうという考え方ですが、公平な分配における基本的な理解としては、ほぼ議論の無いところかと思われます。

　地方自治体の契約においては、例えば、行政の入札発注や補助金支給などでも、最終的には限られた予算を落札者や補助金受給者という特定の者に分配する結果になる以上、結果は公平にはなり得ません。そのため、契約プロセスにおいて水平的公平性の確保、つまり等しいものを等しく扱ったうえで限られた資源を誰に配分すべきかを公平に判断することによって、結果の公平の妥当性を担保しているという上記の考え方に基づいているものと考えられ、それが現実的にも妥当です。

　このような公平性の性質の視点から見ると、地方自治体の契約にお

ける公平性の確保とは、

① 形式や手続などの契約プロセスにおいては、基本的に水平的公平
　性を確保することが求められる
② 結果の公平性はプロセスの公平性で担保される
という理解になるものと考えられます。

　これらのさまざまな視点を踏まえ、筆者は、共創パートナーとの契約における公平性の確保について、法令上明確ではない部分に、公平性の考え方やその他独自の視点を加え、次のような思考の流れで整理・実践をしています。

　なお、この流れを図にしたものが図22になります。

　まず、共創パートナー間の契約における公平性の確保の考え方としては、最終的な結果の公平性を確保することは事実上困難であるため、その結果の妥当性を得るためにプロセスの公平性が結果の公平性を担保するという考え方を基本にしつつ、プロセスの公平性の要素を性質の違いと時系列的な流れにより二つに分けて、

　「　機会の公平性　⇒　選定の公平性　⇒　結果の公平性　」
という判断の流れになると理解するのが妥当と考えます。

　プロセスの公平性を機会と選定に分ける理由としては、

① 地方自治体の契約の原則である入札制度の趣旨は、「広く参加機会
　を確保すること」及び「契約の相手方を公平に選定すること」と
　されていること
② 地方自治体の契約プロセスは、公告・公募による参入機会提供と
　契約相手選定という、「募る」と「選ぶ」という異なる性質と方法
　を持つ流れであること
③ 参入機会の提供は、行政における最低限の水平的公平の確保手段
　として現実的に可能な限り実施すべきであるが、選定については
　行政の意思・判断に基づいた選定ができる場合と、行政の意思・

判断に基づく選定は不要・無意味で、PPRPなどや3PMなどの必要要素が現実的に揃うか否かに左右される別の次元で、事実上可否が決まる場合とがあり、機会と選定では実施の有無に差異が生じるので、両者を分ける必要があること

といった理由です。

　契約関係に参入する段階では水平的公平の確保という原則に従い、誰もが参加できる機会を公平に提供すべきであり、それにより、随意契約の短所とされる「契約の相手方が固定化し、契約の締結が情実に左右されるなど公正を妨げる事態を生じるおそれ」（最二小判昭62.3.20）を避けることができ、ICTが発展している現在では事実上もそれが可能です。

　また、予算や土地・建物などの限られた資源を行政が民間に提供するときなど、契約相手を絞り込む必要がある場合には、契約相手の差異・優位性を見出してプライオリティを付ける判断としての選定という行為が必要であり、最終的には水平的公平に反する取り扱いにつながるため、そのプロセスである選定手続自体は公平性に配慮した形で行われなければなりません。

3　公平性の判断の流れ

　これまでの整理を前提として、これからX市の民間提案の常時公募窓口（以下「提案窓口」とします。）への民間提案という仮想のケースで、公平性の判断の流れを見ていきますが、同時に図22の各ルートに沿って読み進めていただくと分かりやすいと思います。

（1）機会の公平性確保の段階

　ある民間企業Z社が発意して、X市の民間提案窓口に共創事業の自由提案（特に行政から仕様書などを示さないもの：横浜市の場合はフ

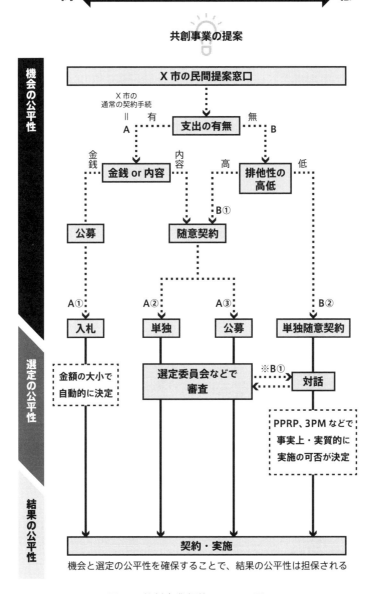

図22：共創事業契約のフロー図

リー型共創フロント）があったとします。

　まず、当該提案を両者で共創する際の契約手続については、当該事業の内容にX市からZ社に対して直接何らかの金銭的支出があるか否かでルートが分かれます[10]。

　支出がある場合には、法令上の契約原則の通り他の行政発注と同じ扱いになります。

　この場合は、より手続強度が高いX市の既定の契約ルールが別途あり、予定価格や発注仕様書などを定めない形の公募であり、手続強度が低い共創提案窓口の仕組みでは代替ができないため（強度が高い手続を低い手続で代替しようとすると、ルールの潜脱になります）、提案後の契約手続は、支出を伴う共創事業契約に適用可能な特別な手続がある場合を除き、X市の通常の契約手続に沿うことになるわけです（Aルート）。

　その後、事業の内容が、金銭の多寡のみで相手方を選定可能な場合は、あらためて既定の契約ルールに従った公募などを行って、支出を伴うレベルに合った強度の機会の公平性を担保したうえでの一般競争入札の手続になります（A①ルート）。

　また、金銭では選定できない場合は随意契約手続になりますが、事業内容によりX市の契約ルールに則って、適正な随意契約理由の確保による提案者との単独随意契約の手続（A②ルート）又は入札同様あらためて公募を行ったうえでプロポーザル審査による随意契約の手続（A③ルート）、という流れになるのが妥当です。

10　法制度的には支出だけでなく、行政が共創パートナーから単純に売買や賃貸による収入を得る形でも入札原則に該当します。ただし、この形態の共創事業は、主に、行政の資源を広告媒体として販売し広告収入を得る「広告事業」のルールによる別手続となるため、本書の検討からは除外しています。
　なお、広告事業の詳細については、次の書籍を参照してください。
　横浜市広告事業推進担当『財源は自ら稼ぐ！』（2006、ぎょうせい）。

なお、共創事業においては、前述した共創の3つの目的や4つの原則、4つの視点及びPPRPや3PMの要素が重要になるため、随意契約理由の判断やプロポーザル審査をする場合は、それらを総合的に勘案することが大切ですし、また、提案者に特許権や実用新案権、著作権などの知的財産権があることや、他者より優位な技術・ライセンス・ノウハウ・資源・ネットワークなどを活かした独自性のある事業内容であることなどが一定程度説明できる要素があれば、それらも合理的な判断理由として挙げられるでしょう[11]。

　支出が無い場合は、本節で検討した通り、自動的に随意契約になり

11　地方自治体が共創事業の随意契約理由判断やプロポーザル審査をするにあたり、他者には「完全に無いこと」「提案などが唯一であること」などを理由として求めることがままありますが、これを必要以上に求めることは、結果的には、とりあえず無難に公募しておく、また、うまく説明できないから連携をしない、などというような安易でナンセンスな判断につながりますので、筆者は妥当ではないと考えます。

　行政の契約において、情実に支配された恣意的な判断にならないことは大前提ですが、まず筆者の経験則上、民間からの共創事業の提案にはそれぞれ何らかのタイミングや独自性があり、競争性を生じるような同じ内容・レベルのものが他者から同時期に提案される可能性は、ほぼ無いと言ってよいと思われます。そして、完全に無いことを証明することは、いわゆる「悪魔の証明」になってしまうために現実的ではありません。もしZ社からX市への提案について、他者から同様の提案がある可能性が無いことを確認するには、全国のZ社の同業他社すべてを調べて連絡をし、Z社の提案のような内容を同タイミングでX市に提案する意向があるか否か、を確認する以外に方法がありませんが、これはアイデアの秘密保護の観点や、社会通念から見てもあまりにナンセンスな確認内容であるとともに、多大な手間とコストがかかりますので現実的に実施は不可能でしょう。

　そのため、無いことの証明は、X市の担当部局の専門的見地や経験則、Z社などとの対話やインターネットでの確認などによる、常識的・現実的な情報収集方法で可能な程度のレベルで求めるべきであり、その他判例をはじめ本文に例示したような諸要素の積み上げも重視した、総合的で合理的な判断をすべきです。これらの諸要素をしっかり考えることが契約を妥当にするのみならず共創事業を本質的に良いものにすることにつながりますし、本文に引用した判例の趣旨から見ても、住民への説明責任から見ても、このような方法で問題はないものと考えます。

　ただし、本節では、一般的なロジックとして実務的に活用可能な判断フローを示すため、上記の「同様の他者は実はあまり存在しないであろう」という点はあえて考慮せず「他者からも同様の提案がある可能性が高い場合」を想定して説明をしています。

ます（Bルート）。しかし、この場合、行政支出が0円であることから、前述の通り地方自治体の一般的な契約ルール上は単独随意契約が可能な事業であったとしても公平性のことが気になってしまい、日常的に行っていて安心感の高い方法、つまり支出があるAルートの場合と同様の強度の手続を求め、あらためて公募を行うか否かが議論になる場合が多いのではないかと思われます。

　ここは、共創パートナー間の契約において、法令上も明確な決まりが無いことから、最も判断が分かれる場面です。

　公平性を常とする行政としては、当然ここでも適正な対応が必要であり、何らかの合理的な判断基準があるべきでしょう。

　この点について筆者は、地方自治体の本質及びこれまで述べてきた地方自治体の契約に求められる公平性の性質を踏まえ、この場面での判断基準として「排他性」を考慮すべきと考えています。

　排他性とは、他の者を退ける性質の意味ですが、共創パートナー間における契約では「提案者以外に同様の共創事業を行いたい者がいた場合に、その者がほぼ同様の取り組みを、何らかの形で行うことが可能か否か」という意味となるでしょう。

　これを基準とする理由は、地方自治体の契約プロセスの基本として求められる水平的公平性、つまり等しいものを等しく扱うという原則を確保することができるため、及び、地方自治体の本質である、住民から負託されている公共の不動産や動産などの有限な財産の公平・公正な使用と再分配を確保することができるためです。

　そして、この排他性を分析しやすくするために、その性質によって「時間的排他性」と「物理的排他性」という2つの考慮要素に分け、この両者の排他性が高いと判断される場合に、総合的に排他性が高いものと判断すべきと考えます。

　時間的排他性の判断基準は「提案者が占用する期間・時間の長短

が、他者の使用・参入などに与える影響」であり、物理的排他性とは、「面積・容積・数量その他物理的な部分の占用が、他者の使用・参入などに与える影響」ということになります。

では、この排他性基準に基づいた判断について、共創事業によくあるパターンでの事例①～⑦でみてみましょう。

これをマトリックスで示したものが図23です。なお、図の矢印は各事例の記述に合わせて排他性の高低が変化する動きや範囲を例示しています。

① 行政の土地や施設の一部または全域を、民間イベントで1週間占用する場合

一部占用の場合は実施場所の選択肢が他のエリアに確保できるのであれば物理的排他性は低くなります。また全体占用の場合では物理的に排他性が高いですが、時間的に1週間という期間は特定の期間に希

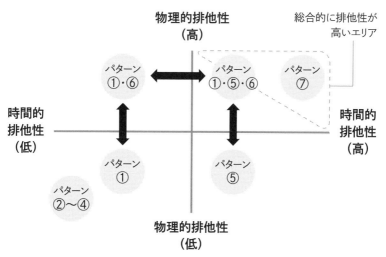

※ 矢印は、各パターンにおける占有割合・占有期間による変動範囲を示します

図23：排他性のマトリックス

望が集中するような状況でない限り他者は別の期間に実施できるため、両パターンとも総合的に見て、同様の提案をほぼ同じような形で扱えるので排他性は低いと考えられます。なお、占用期間が長くなるにつれ時間的排他性は高まっていきます。

② ある行政事業PRのためのポスターや動画の共同制作

行政の事業所管部署の業務量のキャパシティを大幅に超えない件数であれば、物理的にも時間的にも複数の同様の提案が同時並行で実行可能なため、また重なっても時期を変えるなどの対応も可能なため、総合的に排他性は低いと考えられます。

③ 共同製品開発

物理的・時間的排他性の観点に特殊な事情が無いかぎり、②と同様の考え方になります。

④ 包括連携協定

これも②や③と同様の考え方になります。

⑤ X市立学校の一部での、1年間の業務改善ICTシステム実証実験

X市に50校ある市立学校のうち数校で行う実証実験だとすると、時間的には1年度の全期間なので排他性はある程度高いですが、実験場所の選択肢が多く物理的排他性は低いので、総合的な排他性は低いと考えられます。なお実施校数が増えるに従い物理的排他性も高くなっていきます。

⑥ X市A業務での、数か月間の事務効率化AIシステム実証実験

⑤の学校の場合と異なり、一つしかないX市のA業務を占用するとすれば物理的排他性が高くなりますが（物理的に同時に実験できるならばこの限りではありません）、数か月程度ならば、別の同様の提案に対しても少しのタイムラグで別の実験期間を設けることが可能なため、物理的排他性が高くても総合的には排他性が低くなると考えられます。なお実験期間が長くなるに従い排他性は高くなります。

⑦ 施設への、5年間のネーミングライツ実施の提案

　物理的にも時間的にも、常識的にかなりの長期間、他者が同施設へのネーミングライツを実施することができないので、総合的に見て、同様の提案を同様に扱えないため排他性が高いと考えられます。

　これらの具体例を見ていただくと分かると思いますが、この基準は絶対的・定量的な判断基準ではなく、共創事業で活用する資源の性質・状況によっても左右されます。例えば、多くの者が使用したい駅前の公共空間とめったに使われない郊外の公共空間では、1か月の占用といっても時間的・物理的の両面において排他性の判断が異なってくるはずです。その他にも、それまでの類似の取り組みの相談・提案数などの経験則や社会一般における提案の独自性・特殊性から見た競争性の高低など、さまざまな点が判断要素となるでしょう。この辺りに留意しながら活用していただければ、一定の合理的な判断基準になり得ると考えますし、この2つの要素を基準として考えることで、排他性が高くなりそうな場合に、物理・時間のどちらかを軽減し、総合的な排他性を低くするという対応を取りやすくなるはずです。

　行政支出を伴わない場合（Bルート）の共創事業における随意契約の必要手続レベルの判断では、この2つの排他性が総合的に高い場合（図23のマトリックスでは右上の三角形のエリアにかかってくる場合）は、金銭以外の何らかの公共の資源を排他的に使用・分配することが、実質的に公金支出に近い形になり排他性が高いものであると考えられるので、支出を伴うけれども随意契約になる場合（A②・③ルート）と同様に、公平性確保のために、より強度の高い契約手続を行う可能性を検討すべきと考えます。

　強度の高い手続が必要と判断した場合は、適正な随意契約理由の確保による提案者との単独随意契約（A②ルート）又はあらためて公募

を行ったうえでのコンペ・プロポーザルによる随意契約（A③ルート）という流れに合流し、案件ごとに必要な範囲で既定の契約ルールを準用しながら手続を進めるべきと考えます（B①ルート）[12]。

　なお筆者は、このルートの共創事業契約の場合には、事業の排他性の高さや社会的な影響度などから総合的に手続のレベル感を検討し、簡易な公募手段としてテーマ型共創フロントを活用したり、より通常の契約ルールに準じたオリジナルの公募プロポーザル手段を別途個別に設計し実施する、などの対応をしています。

　そして、排他性がない又は排他性がゼロではなくとも合理的なレベルで他者の利用や参入をそれほど阻害しない程度に低い場合は[13]、契約の公平における水平的公平の担保や財産の公平・公正な使用・再分配を阻害しないと考えられるため、そのまま単独随意契約に進んでも問題はないものと考えます（B②ルート）。

（2）選定の公平性の段階

　まず、入札の場合は（A①ルート）、原則として入札会場で札入れされた金額の多寡で機械的に明確な形で契約相手が決まるので、総合評価入札方式やその他法令などに基づく例外的場合を除き、行政側の意識的な判断が必要な選定という過程はありません。

　また、行政支出を伴う随意契約の場合は（A②・③ルート）、選定の公平性を確保できるよう、X市の既定の契約ルールに基づく決裁手続や事業者の選定委員会などにより、随意契約理由の審査（A②ルート）や事業提案のコンペ・プロポーザル評価（A③ルート）などの判断を行い、契約相手を選定することになります。

12　合流後の随意契約理由判断においては註11と同様に考えるべきです。

13　この場合の排他性の有無の判断も、註11のような考え方で行うべきです。

次に、支出はないけれども排他性が高い場合は（B①ルート）、機会の公平性のところで述べた通り、A②又はA③ルート同様の流れに合流しますが、おそらく各地方自治体の既定の契約ルール上では、支出が無い契約の場合の選定手続は定められていないことが多いと思いますので、そのときは機会の公平性の段階と同様に既定のルールを準用しつつ、案件ごとに、適正な決裁手続による意思決定や、臨時の審査委員会を設置するなどの工夫が必要となるでしょう。

　なお、B①ルートの場合は、手続的にはA②・③と同様の流れに乗りますが、共創事業の場合、実質的にはそれら通常の受発注の契約とは異なり、行政の直接的な費用支出という事業リソースがないことでPPRPや3PMの要素が揃いにくく、単純には事業が成り立たない場合も考えられますので、B②ルート同様に、契約相手方として適正に審査・選定された後の共創パートナーとの密な対話は欠かせませんので注意が必要です。（図22の「※B①」部分）

　最後に、支出もなく排他性がない又は低い場合は（B②ルート）、わざわざ絞り込む・選定する必要性がないこと、及び、行政サイドが選定をするか否かに関わらず、当該共創事業においてPPRPや3PMの必要要素が事実上揃うか否かによって、実質的な部分で事業実施の可否が事実上決まってくることから、入札同様に特に選定という過程は必要ないものと考えられます。

（3）結果の公平性確保の段階

　結果の公平性の段階については、前述の通り、機会と選定のプロセスにおいて適切なレベルでの公平性が確保できていれば担保されるもの考えますので、説明は省きます。

　以上、かなり長くなってしまいましたが、この公平性と契約の論点は、民間・行政問わず、共創事業に取り組む場合の最も重要なポイン

テーマ：特定の企業に加担して良いのか？

学生A 「先生、共創の大切さは分かりますが、やはり行政が特定の企業に加担しては、公平性に問題があるのではないでしょうか」

学生B 「まあ、たしかに共創事業とは言え、私の会社でも単純な社会貢献ではなく、ビジネスの一環で関わっているもんな」

教授 「ある一面から見たらそう思うかもね。ちょっと視点を変えてみてほしいんだけど、全国各地の地方自治体が、税の減免などのさまざまなメリットを提供して、積極的に企業誘致をしているよね。これって、特定の企業に加担しているからダメなのかな」

学生A 「私の役所でもやってますが、それは地域の雇用や税収を増やしたりするためには必要なことなんじゃないですか」

教授 「そこそこ。つまり雇用や税収増による地域経済活性化などといった、より高度な公益目的がある場合は、結果的な不平等、つまり特定の企業にメリットを与えることも政策的には十分あり得ることなんだよ。そのためには、条例や規則、方針などで一定のルールを定めて、公募などの手続を公平・透明にする、プロセスの公平性を確保することが絶対的に必要だけどね」

学生B 「たしかに、企業誘致も共創事業も、公益のために特定の民間を行政が支援するという構造は似ていますね」

学生A 「そうだとすると、共創事業では何に注意が必要でしょうか」

教授 「まず大切なのは、授業でも教えたPPRPの目的である公共性や公益性をしっかり固めることと3PMのバランス、民間が儲け過ぎの事業は公益性が高いとは言えないよね。あとは、最終的に皆が同じ待遇という結果の公平性を確保することは事実上難しいので、プロセスの公平性をしっかり確保することかな」

学生B 「今度の試験は、頑張ったプロセスで評価ってどうですか？」

教授 「いやいや、それはないから、ちゃんと結果で勝負して（笑）」

トであるため、まだまだ理論的・現実的に不備な部分やあいまいな部分もあるとは思っていますが、多少なりとも読者の皆さんの参考になればとの趣旨で、筆者の現状の考えを特に詳しく説明した次第です。

• 演 習 •

1 公平性とは何か、あらためて考え、認識を深めてみましょう。

2 読者の皆さんが知っているさまざまな事業やイベントを行政と共創すると仮定して、物理的・時間的排他性を検討して、排他性のマトリックス（図23）に当てはめてみましょう。

3 本節の内容や1や2の検討を踏まえ、共創事業の公平性確保の考え方や方法、手続について、自分なりの見解を整理してみましょう。

第7節　リスクマネジメント

　共創事業を構想していく中で、組織内やステークホルダーなどからの合意を得ていく際に、さまざまなところで「リスクは大丈夫か？リスクは無いようにしておくように」と言われることが多いのではないでしょうか。そして、担当者としては「他に例もなく、初めてやることなんだからリスクが無いようにと言われても……」というのが本音かもしれません。

　共創事業も、社会に何らかの影響を与える活動である以上、さまざまなリスクが発生します。特に、関係者が必然的に多くなる共創事業では、より多面的にリスクを検討し対策をしなければなりません。

　ただ、リスクという言葉は、公平性と同様、思考停止を招くマジックワードの性質があります。リスクといってもさまざまな内容やレベ

ルのものがありますし、現実的にも費用的にもすべてのリスクを潰す
のは困難で、まさに「言うは易し行うは難し」の代表例なのです。

　そのため、やみくもに「怖いこと」を探すのではなく、論理的に分
析したうえで考えていく必要があるでしょう。

　筆者は、次の3つの要素を踏まえてリスクを検討し、リスクヘッジ
の方法を変えたり、プライオリティをつけた対応をしています。

1　リスクへの対応時点

　まず、一つ目の要素は「リスクへの対応時点」です。

　リスクへの対応を発生前と発生後に二分して考えると、そのマネジ
メント方法は「生じないように準備する」と「生じた後にどう適切な
対応をするか」ということになります。

　具体的には、共創パートナーやさまざまなステークホルダーとの対
話の中で、本節の3つの要素を踏まえながらリスクをできるだけ広く
想定したうえで、前者の場合は、例えば共創パートナーとの契約でリ
スク発生を予防する役割・方法を明示するなどの対応やイベントの安
全確保のために警備を増やす準備をしておくなど、事前の現実的対応
が必要になります。

　また、後者の場合は発生後に迅速・適切な対処をするのはもちろん
ですが、そのためには事前の対話や契約において、発生してしまった
場合の対応を明示してパートナー間で共有しておくことで発生時に迅
速・適切な対応をできるようにするといった、事前準備と発生後対応
の明確化などということが必要になってきます。

2　リスクのコントロールの可否

　2つ目の要素は「リスクのコントロールの可否」です。

　リスクは、自分でコントロールできるリスクとできないリスクの二

つに分かれます。前者であれば一つ目の要素のようにリスクへの対応時点に応じて対応策を決めておくことも可能ですが、後者は、天候や災害、社会的な事件・事故、社会経済情勢の急激な変化など、リスクそのものをコントロールできるものではないので、それらを想定したうえで、自分たちで対応できるレベルまで落とし込んでから、コントロール可能なリスクと同様の対応をすることになります。

　例えば、アニメのように雨を止ませることはできないが、傘を準備しておくことはできる、ということです。

　ただ、これら2つの要素だけですと、リスクそのものの脅威のレベルは分からないので、限られた資源の中で対応の強弱を決めるためのプライオリティはつけられません。

3　リスクの脅威度

　リスク対応のプライオリティを考える3つ目の要素として「リスクの脅威度」も検討する必要があります。筆者はこれを、次の2つの基準で分析しています。

（1）リスクにより損害を受ける者は誰か

　これは、リスクの発生により損害を受けるのが、共創パートナーサイドか、パートナーではないがビジネス上の間接的なステークホルダーか、市民や他の組織といった全くの第三者か、などという損害を受ける主体に着目した基準です。

　当然のことですが、共創事業の実行過程や結果によって、全くの第三者に何らかの損害が生じることは基本的に許容すべきではないので、その場合の対応のプライオリティは高くなります。また、イベント会場の貸主や資材の調達先などのパートナー以外の間接的なステークホルダーのリスクは、ビジネスベースの関係なので全くの第三者よ

りは共創パートナーサイドに近いでしょう。そして、事業の当事者である自分たち共創パートナーサイドは、第三者の被害や間接的な事業関係者よりもリスクを一定程度許容すべきなので、対応のプライオリティはかなり下がるはずです。

(2) 損害の復旧・補填の困難さ

　これは、リスクによる損害が復旧・補填可能か否かという判断基準であり、リスクが生じた後でも復旧・補填できるか否かという時間的な困難さと、生命や身体、財産などの損害を受ける対象が金銭などでの代替的補填が可能か否かという内容的な困難さの二つの視点で検討をする必要があります。

　なお、リスクマネジメントの基本では、リスク発生時の影響の大きさと発生確率からリスクの脅威度を図ることが多いと思います。しかし、筆者の経験上、多様かつ直接的な前例が無いことが多い共創事業においては、根拠となるデータや経験則が不足しがちなため発生確率の予測がなかなか難しい場合が多いことと、公益性確保の要請とさまざまなステークホルダーに関係することが多いという性質上「誰のリスクなのか」ということをしっかりと検討することが重要であると考えているため、独自に、影響の大きさを対象と内容に細かく分けたこのような基準を使っています。

　ただし、発生確率を無視してもよいという意味ではありませんので、もし発生確率を予測可能なリスクの場合であれば、脅威度が高く、かつ、発生確率が高いものを優先するのは当然です。

　このリスクの脅威度の二つの基準を図にしたもの（図24）に沿って、いくつかのリスク事例①〜⑤を参考に見ていきましょう。なお、図24のマトリックスの各エリアの脅威度の高低は、基本的に右上＞

右下≧左上＞左下ということになります。

　なお、脅威度が低いから無視してよいという訳ではありません。あくまで限られた人的・物的資源を、ダメージの大きそうなところから優先的に投入するための順序付け、という意味で捉えてください。

① 第三者の生命・身体・個人情報などへの損害
　　例）事故や病気、個人情報漏洩など、第三者の生命や身体、社会生活や信用などに重大な損害が生じ、事後的・代替的な補填が困難なリスク。

② 第三者の財産的損害
　　例）不動産や動産の破損、紛失など、第三者に損害は生じるが、事後的・代替的な補填が可能なリスク。

③ 事業の間接的な関係者の財産的損害
　　例）イベント会場の設備の破損や資材調達先への発注ミスなど、

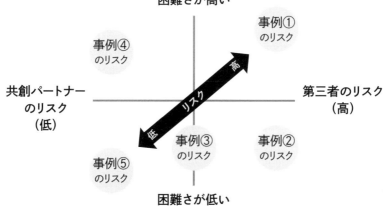

図24：リスクの脅威度マトリックス

事業に間接的・ビジネス上で関わる関係者に損害は生じるが、保険や契約などの一定のルールに基づき、事後的・代替的な補填が可能なリスク。

④ 共創パートナーの非財産的損害

例）共創パートナーの一部の虚偽行為などにより、公表済みの事業が実施できなくなり、他の共創パートナーの社会的信用が失墜するなど、事後的・代替的な補填が困難なリスク。

⑤ 共創パートナーの財産的損害

例）予想以上にイベント来場者が少なく、収益目標が達成できなかったため事業が赤字になるなど、事業主体としてある程度許容すべきリスク。

　以上、あくまで筆者の経験則にもとづく、共創におけるリスクマネジメントについての独自の考え方でしたが、この他にもいろいろな考え方や対応の仕方があるはずですので、皆さんの状況や必要に応じて参考にしてみてください。

● **演 習** ●

前章の横浜市の事例や自分で調べた民間と行政の連携の事例について、本節の記述を参考に想定できるリスクを検討したうえで、リスクの脅威度マトリックスに当てはめてみましょう。

第8節　共創の契約書作成のポイント

　共創事業における共創パートナー間の関係も、特定の目的を達成するために、それぞれの権利や義務を定めるものですので契約関係にな

り、必要に応じ契約書（協定書・覚書）の作成をする場合があるでしょう。

　ただ共創事業は内容的に独自性が強いものが多く、そのバリエーションも多様なため、通常各組織で使用する契約約款や契約書のひな形がそのまま使用できない場合もままあることから、困る方も多く、筆者が良く相談を受けるところです。

　契約書作成の基本的な知識や方法などを詳しく説明するのは、本書の趣旨とするところではありませんので、その点については契約書作成についての専門書などをご覧いただきたいと思いますが、ここでは、皆さんの参考になりそうな、共創事業に関する数多くの契約書を作成してきた筆者なりのポイントについてご紹介します。

① まずは生き方を決めてから、トラブルを考える

　契約は、特定の目的のために生まれ、目的達成により消滅することが基本ですが、途中で何か問題が起これば内容が修正されたり、目的達成前に解除され消滅したりすることもあります。

　これは人の一生が、生まれてから健康に生活を続け、寿命を全うすることが望ましいけれども、途中で事故や病気などのトラブルに遭う場合もある、ということと同じようなものです。

　契約書を作成する際には、損害賠償や契約解除などの契約のトラブルの部分を先に気にする方がとても多いのですが、まずはどういう生き方や生活、勉強や仕事をするかによって、つまり契約の場合では契約目的達成のための正常な活動という骨組みの部分の内容次第で、それに起因してどのようなリスクやトラブルが発生するかが変わってくるはずです。

　例えば、食事や睡眠、運動などの生活習慣や仕事の内容などにより健康上のリスクは変わりますし、車の免許を持たない人が自動車保険に入る意味は無い、といったイメージです。

まずは、トラブル部分より先に、骨組みの部分からしっかり考えて
固めていくことが大切ということです。

② 6W2Hを意識する

　筆者の経験上、契約書作成を難しく考えている方の多くは、「法律
知識が無いから作れない」と言われる方が多いです。しかし、契約書
は当事者の合意内容を証する文書ですので、前述したように、まずは
契約の骨組みとなる、当事者が決めた目的や役割、負担などの事実関
係を整理して、分かりやすく書くことが大切です。

　そのうえで、その骨組みの部分の内容の法的な効果や問題点、骨組
みの部分から生ずるおそれがあるトラブルの法的処理はどうか、など
ということを組織内の法務部門や外部の法律専門家に相談・確認をす
ればよいのです。

　筆者が契約書作成の相談を受けるときは、法的な問題点をあぶりだ
すために、まずは当事者が一番詳しいはずの事実関係を整理してもら
うことを優先してアドバイスしています。

　この共創事業の事実関係を整理し、契約書の項目を検討するのに便
利な思考法は、仕事のさまざまな場面で活用でき、契約書作成でも同
様に有効な「6W2H」です。これに、皆さんが共創事業を構想してい
く中で整理したPPRPと3PM[14]、スキーム図、その他の資料などにあ
る事業の要素を乗せていけば、基本的な骨組みができてくるはずです。

　この骨組みが整理されると、そこから生じてきそうなトラブルがよ
り見えてきますので、それらへの法的な対応、例えば損害賠償や契約
解除、第三者への損害対応、秘密保持、裁判管轄、その他許認可や租

14　次章で取り上げる、公民共創版リーンキャンバスや公民共創版ビジネスモデルハウスを
　　使用する方は、それらも材料としてください。

税、著作権などの関係してきそうな法的問題などが整理しやすくなると思います。

〔共創事業契約書の骨組み作成のための6W2H〕

Who（誰が？）

項目例：共創パートナーなどの契約の主体

Why（なぜ？）

項目例：事業の目的、趣旨、狙い

What（何を？）

項目例：何をするか、創出する価値、リスク

Whom（誰に？）

項目例：事業の対象や受益者

When（いつ？）

項目例：事業の実行日や期間、納期

Where（どこで？）

項目例：事業を行う場所

How（どのように？）

項目例：事業構造・スキーム、実行手段、手順、役割分担、リスク対応

How much（いくらで？　金銭以外の資源も含む）

項目例：事業実行に必要な費用や資源、負担者

③ いきなり契約書を書かず、整理表をつくる

契約書を作成する際に、いきなり契約書そのものの文章から書き始めるのは要注意です。

シンプルな内容であったり、似たような契約書の作成経験があったりする場合を除いて、特に、共創事業の場合は、パートナーが3者以

上になる場合や、役割分担や資源負担、有事の責任体制などの内容が複雑になることも多いため、いきなり契約書の文章を作成し始めると、内容の矛盾や漏れが発生しやすくなります。

　筆者は、初めての内容の契約書や複雑な内容の契約書を作る場合、先に、図25のような契約項目の整理表を作成して思考を整理し、内容を当事者に確認してもらってから、契約書本文を記述することとしていますし、作成のアドバイスを求められた際にも表の作成を勧めています。

　この表の作成手順としては、まず契約当事者を横軸に並べたうえで、6W2Hで整理した事実関係や参考になる契約書のひな形、パートナー間での対話などから、縦軸左の項目の洗い出しをし、定めておくべきことに漏れが無いか確認します。次に、契約当事者ごとに各項目に対応する内容や権利義務（できること・やるべきこと）などを箇条書きで記載していきます。各当事者に共通の事項の場合は枠をつなげて、まとめて記載してください。表が完成したら、契約当事者で確認をしたうえで、表の記載を文章化した契約書本体の作成に入ります。

　この表は必ず作らなくてはいけないものではありませんが、思考が整理でき契約書を効率的に項目漏れ無く作れること、当事者間の関係性や契約内容の共有がしやすく事後のトラブルを防ぎやすいことなどの点で有効なので、参考にしてみてください。

　なお、図25は、表を分かりやすくイメージできるようにするために、項目・内容ともに、かなり簡略化した記載となっています。実際には、箇条書きで構いませんが、もう少し細かく項目・内容を検討し記載していくべきと思いますのでご注意ください。

④　参考にできる契約書
　共創事業におけるパートナー間の契約書を作成する際に、何か参考

項目	○○社	○○大学	○○市
目的	○○公園活用の実証実験		
事業内容	○○キャラクター出演イベントの共同開催		
対象者	市民、観光客、大学生		
事業期間	○年○月○日（○曜日）、雨天は○日に延期		
実施場所	○○公園		
役割分担	企画や設営、運営、警備、広報の実施	協力学生募集 学内広報	企画や広報・記者発表、許認可取得などへの協力、地元調整
資源負担	キャラクターライセンスや関連資材、イベント設備、スタッフ	学生ボランティア	○○公園を提供
費用負担	広告宣伝費として自己の役割にかかる費用を負担	自己の役割にかかる費用の負担	自己の役割にかかる費用の負担
ライセンス	保有キャラ画像をイベントPRに限り無償提供	PRなどに無償利用可	PRなどに無償利用可
許認可	公園使用、屋外広告物、食品営業など、必要な許可の取得	なし	許認可取得支援
損害賠償	故意・過失で契約相手方から損害を受けた場合に請求可能		
第三者の損害対応	○○社が警備を別途委託し事故を予防 損害が発生した場合は、協議のうえ各自で必要な対応		
契約解除	契約違反などの場合に書面で通知して解除、損失の負担は相互に無し		
守秘義務	互いに指定した非公知の秘密の保護 法令に基づく個人情報の保護		
裁判管轄	○○地方裁判所		
協議条項	契約に定めのない事項や内容に疑義がある場合、別途協議で定める		
契約期間	契約締結日から○年○月○日まで		
その他	・・・	・・・	・・・

図25：契約書の項目整理表

になる契約書のひな形を確認したい場合は、共同研究や共同開発、共同経営など、性質的にパートナーシップを約する形の契約書が、比較的参考になるかと思います。

　これらのひな形は、市販の契約書式集や法律の専門家がインターネットで公開しているフリー書式などで確認できます。

　ただし、これらはあくまで標準的なひな形である場合が多く、事実関係次第で内容が大きく変わることもありますので、そのまま使用せず、形式や項目の確認、文章表現などの参考として活用するにとどめ、共創事業の内容をしっかり整理したうえで、当事者が自分たちでしっかりと考えて作成することが肝要です。

　なお、QRコード（14ページ）からアクセスできる本書のWEBサイトにおいて、横浜市の包括連携協定書の事例や筆者が作成した共創事業に関する契約書サンプルをダウンロードできますので、そちらも参考にしてください。

● 演 習 ●

1　本節を参考に、自分と他者が関わる何らかの事象をベースに、図25の整理表を作ってみましょう。トレーニングなので、仕事上の協力関係でも、旅行の約束などのプライベートの関係でも、2者以上の何らかの契約・約束に関するものならば良いです。

2　1で作成した整理表を参考にして、契約書を作成してみましょう。

3　何らかの共創事業に携わっている読者の場合は、その事業について整理表・契約書を作ってみましょう。

第9節 共創を進めるための 組織、チーム、スタッフのあり方

　これも、筆者が講義や視察対応をした際に、よく聞かれることの一つになります。

　共創は、自己の組織の既存知と他の組織の既存知をつなぎ合わせることでオープンイノベーションを起こすことです。しかしながら、そのような取り組みは、民間・行政を問わず、組織内の既存知を持つ各事業部署の本業ではないことがほとんどで、少なからずプラスアルファの仕事になってしまうために、共創が組織に浸透していないと、実際のところ各部署の抵抗が大きいでしょうし、いわんや自主的な取組を求めるのは難しいことでしょう。

　そのため、共創の推進には、組織内部における共創への理解・共感を高めること、及び、共創の推進役として、組織内の既存知を集め、他の組織とのつなぎ役となる「ハブ」の役割をミッションとするチームやスタッフを設置することが重要になります。

　そこでまずは、横浜市における筆者の経験から考える、共創推進のための組織やチーム、スタッフづくりのために必要な要素を挙げてみたいと思います。

1　組織に必要なこと

　共創を推進するには、組織内に点在する既存知を適切に活用しなくてはならないため、組織全体としてのバックアップが不可欠であり、次のような要素が必要になると考えます。

① 共創の推進は、組織全体で取り組むべき仕事であるとの位置づけ

　組織内でそれぞれ異なるミッションを持つ各部署が、前向きに共創に取り組むためには、前述した横浜市中期4か年計画におけるオープ

ンイノベーションの位置づけのように、まずは組織全体で共創を進めるべきという、より大きなミッションを定めることが必要です。民間サイドの用語法で言いますと、イノベーションへの投資方針と考えていただいて良いでしょう[15]。

② 従来のやり方にこだわらない、という組織内の意識改革

　共創は、これまでの仕事の進め方とは異なる場合が多いでしょう。そのため、前例にこだわらず新たな取組をすることは是であるという意識改革を図る必要があります。そのためには、共創に関する組織内研修や組織内LANなどを活用し、方法や事例などについての情報提供を積極的に行う必要があります。

③ うまくいかないことも許容する

　例えば、横浜市の共創フロントへの民間提案の実現率は、開設から12年経ちノウハウが蓄積された現在でも3〜4割で、半分以上の提案は何らかの理由により実現しません。それまでやったことのない新たな取り組みが100%うまくいくはずはありませんので、致命的なリスクにつながらないものであれば、うまくいかないことも許容し、プロセスや経験も評価するような組織風土が必要です。

2　推進チームに必要なこと

　共創推進の要となる推進チームは、共創の最も基本的な要素である対話を重視し、スタッフが新たなチャレンジに取り組めるよう、自由闊達で前向きな議論ができるチームであることが大切です。

① サッカーチームのようなマネジメント

　全国の行政で最も早く設置された共創の専任推進チームである横浜

15　タンディ・ヴィキ、ダン・トマ、エスター・ゴンス著、渡邊哲、田中陽介、荻谷澄人訳『イノベーションの攻略書　ビジネスモデルを創出する組織とスキルのつくり方』（2019、翔泳社）、50〜73ページ

市共創推進事業本部の初代本部長であった土井一成氏は「同本部のマネジメントをするにあたり、本部長をサッカーチームの監督に例え、メンバーの個性を見極め、モチベーションを高め、フィールドでの創造的プレイを導くための環境づくり、が仕事であると考えた」と述べています[16]。

このスタンスは、横浜市の共創の推進に大きく貢献してきたと思われ、共創を推進するチームに適するマネジメントの好事例と言えるでしょう。

② いつでもディスカッションができるチームの雰囲気

さまざまな発・着・想や事業アイデアの創出、問題点やリスクの検討、ステークホルダーの抽出など、良い共創事業を構想していくには、複数の者によるディスカッションが常に必要となります。

また、イノベーションを創出する組織やスキルの使い方を解説した書籍によれば、創造性を発揮するチームには、「助けを求めること」と「助けること」が必要であると言われています。イノベーション・プロジェクトでは、積極的に他のメンバーに助けを求めること、そしてメンバー全員が他のメンバーを助けたいと心から思うこと、そして、助けを得たメンバーは他者のアドバイスを素直に受け入れ活用し、自分の考えている枠組みの見直しにつなげていくことが重要であるということです[17]。

前述のサッカーチーム的マネジメントにもつながりますが、クリエイティブな発想が不可欠な共創を進めていくには、このような推進チームの雰囲気や意識をつくることが、非常に大切になると考えられ

16　土井一成「「共創推進事業本部」の3年間〜パスがつながる組織づくり〜」『調査季報168号』（2011、横浜市）

17　ヴィキ、トマ、ゴンス、前掲書、180ページ

ます。

③ 書は捨てるわけにはいかないが、まちには出よ

　共創にはいろいろと専門知識が必要になるので、書は捨てては困るのですが、まちに出ることはとても大切です。

　発・着・想、アイデア創出、ネットワーク創り、社会のトレンドの把握、など共創事業の構想に必要なことは、書籍やネットの中だけではなく、まちの中にあることが多々ありますので、自席に座っていることだけが仕事ではないというチーム内の意識が必要です。

　これらの他、推進チームには、ノウハウを蓄積できる人事体制やスピーディーな意思決定の仕組みなどが必要になると考えます。

3　推進チームのスタッフに必要なこと

　共創推進チームのスタッフは、次のような性質やスキルを有することが望ましいと考えています。ただし、これらを1人でできるスーパーマンはいないですし、複数でもすべての要件を揃えることは難しいでしょう。しかし、共創の推進役を担っていくには、少なくとも、このうちいくつかの要件を満たし、スタッフ間の議論が常に可能な複数のメンバーを集めることは必要になると思います。

　そして、これらのスキルを向上できるよう、各種講座や研修などへの参加や出張による調査やネットワークづくり、関連書籍の購入などを可能として、能力向上の機会をしっかり与えることが重要です。

① さまざまなことを面白がり調べられる、前向きさや探求心

② 柔軟な発想とフットワーク

③ コミュニケーション・プレゼンテーション能力

④ 自己の組織の業務全般（既存知）に対する知識・経験

⑤ コンプライアンスを守る法的知識と規律力

⑥ 組織内外での幅広いネットワーク

また、イノベーションチームに必要となるメンバーの個性という視点では、天真爛漫タイプ、ビジョナリストタイプ、現実主義者タイプ、分析家タイプ、実践派タイプ、完璧主義者タイプ、仕切り屋タイプ、サポータータイプの8つが必要とされています。これは、一人で複数の個性を併せ持つ人がいる場合もあるため、最低8名が必要という意味ではありませんが、イノベーションチームの構成を考えるときには、業務だけではなくメンバーの個性も考える必要があるという点で、参考になると思います[18]。

4　その他の視点から

　次に、横浜市での共創推進組織やチームづくりを踏まえ、イノベーションを起こしていくための組織風土や個人のマインドセットについて、経営学などの視点から筆者が考えるポイントを解説していきます。

　せっかく他の既存知を活用できる機会にあっても、その価値への理解が不足していては、新たな事業構想のためのリソースとして活用することは難しくなります。

　世界的な経営学者であるスタンフォード大学教授のチャールズ・A・オライリー氏とハーバード大学教授のマイケル・L・タッシュマン氏が、企業活動においては知の探索と深化を高次元でバランス良く取ることが必要であるとする『両利きの経営』つまり「知の探索・知の深化の理論」とイノベーションの関係を説いた著書の日本語訳版において、監訳者である早稲田大学ビジネススクール教授の入山章栄氏はこのように解説しています[19]。

18　ヴィキ、トマ、ゴンス著、前掲書、177～179ページ

19　チャールズ・A・オライリー、マイケル・L・タッシュマン著、入山章栄監訳・解説、冨山和彦解説、渡部典子訳『両利きの経営』（2019、東洋経済新報社）、7～9ページ

（前略）人や組織は認知に限界があるので、どうしても「目の前
の知」を見がちになるからだ。探索にはコストがかかり、不確実
性も高いので、どうしても敬遠されがちになる。

（中略）そもそも自分たちの認識の外に出ようと試みるのは、「自
分たちが考えていること、やっていることが間違っているかもし
れない」という疑いを持つからだ。逆にいえば、ひとたび成功し
て「自分たちのやっていることは正しい」と認識すると、自分の
認知している世界に疑念を持たなくなる。そこから抜け出せなく
なるのだ。

このように、成功しているほど知の深化に偏って、結局はイノ
ベーションが起こらなくなる状況は、「サクセストラップ（成功
の罠）」と呼ばれる。

　共創事業を成功させるためには、オープンイノベーション[20]に前向
きな組織風土づくりや推進体制を確立し、そこに関わる人々の本質直
観を通じた絶え間ない自己認識のリフレーミング[21]によって社会の変
化への対応や新たな知の活用を模索し続け、組織という共同体として
イノベーションを実行していく組織能力（ダイナミック・ケイパビリ

20　オープンイノベーションの命名者とされるヘンリー W. チェスブロウは、オープンイノ
　　ベーションを「組織内部のイノベーションを促進するために、意図的かつ積極的に内部
　　と外部の技術やアイデアなどの資源の流出入を活用し、その結果組織内で創出したイノ
　　ベーションを組織外に展開する市場機会を増やすこと」としている。（NEDO『オープ
　　ンイノベーション白書 第二版 概要版』、5ページ）

21　既にある見えない枠組み（フレーム）で捉えている物事について、その枠組みを外し、
　　異なる枠組みで捉え直すこと。（紺野登、野中郁次郎著『構想力の方法論』2018、日経
　　BP、8ページ）

ティ[22]）を高めていくことが不可欠と考えます。イノベーションを継続的に起こしていくためには、短期的な効果や成功ばかりを追い求める「サクセストラップ」に陥ることなく、中長期的な（不確実性の高い）可能性への探索も続けなければ、行き詰まってしまうのです。

　そのためには、リーダーやマネージャーが率先して、イノベーションの芽を摘まないような風土や文化を構築することが求められるでしょう。例えば、「新たな可能性を検討する際に、まず否定から入らない」といったグラウンドルールを敷くのもよいかもしれません。

　一方で、最初は小さくとも成功事例を積み重ねることも必要でしょう。組織風土研究の第一人者であるエドガー・H・シャイン氏は、「組織文化の変容を促すには、心理的安心感を創り出さなければならない」と述べています[23]。

　当初から組織全体で未開の地を目指す、というのは現実的に難しいですが、少数でも先に未開の地へ行ってその地の快適さを知り組織にフィードバックできれば、徐々に組織風土にも変化が訪れます。そのため、現実的に事例を作り上げる実行力を持ったプレイヤーと、その新しい可能性を受容し組織的なオーソライズを得るマネージャーという2つの役割を両輪として機能させることが重要ではないでしょうか。

　そして、新たな可能性を探索する者に対しては、通常の業務管理と

22　これまで競争優位を生み出してきたルーティン、ケイパビリティ（組織能力）、資源、知識、資産の他、必要とあれば他社の資産や知識も巻き込んで、再構成する高次のメタ能力のこと。（菊澤研宗『ダイナミック・ケイパビリティと経営戦略論』2015.01.16ハーバード・ビジネス・レビュー）
https://www.dhbr.net/articles/-/3068
「ダイナミック・ケイパビリティ」については、経営理論としては未完成であり諸説が存在すると言われています。そのため、上記の定義は筆者の執筆時点の理解とさせていただきます。

23　エドガー H. シャイン著、梅津祐良・横山哲夫 訳『組織文化とリーダーシップ』（2012、白桃書房）、350～367ページ

テーマ：イノベーションなんて私にはムリ……

学生A 「先生、ちょっと悩みを聞いてもらえますか」

教授 「どうしたんだい？」

学生A 「共創ってクリエイティブなことだと思うんですが、正直自分にそんなことができるように思えなくて…」

教授 「なるほどね。確かにクリエイティブではあると思うけど、例えばアーティストのようなゼロから作品を生み出すものとは少し違った捉え方ができるんじゃないかな」

学生A 「どういうことですか…？」

教授 「経済学者シュンペーターによれば、"イノベーションは既存知と既存知の新しい組み合わせ"なんだ」

学生B 「既存知×既存知ですか。なんか芸人「ピコ太郎」のPPAPみたいですね」

教授 「そうだね（笑）例えば、
iPodは小型の音楽プレーヤー × デジタル音源配信
ポストイットはメモ × 何度も付け外しできる弱い接着剤
スーパーカブは自転車 × 小型のエンジン
といった具合で新しい価値を生んでいるよね。
実は"全くの新しいものをゼロから生み出すのがイノベーション"、ではないんだ」

学生A 「確かに言われてみれば組み合わせですね」

教授 「そう。人類の発明はほとんどが組み合わせによるものだと言われているよ」

学生B 「いわゆる"ひらめき"も同じでしょうか」

教授 「近いものがあるね。天から降ってくる、というよりはいろいろな観察や洞察、そこから得た情報によって、頭の中の予期せぬところがつながるような感覚だと個人的には思うよ」

学生A 「日ごろからの行動や意識、情報収集が大事なんですね」

教授 「量も大事だけど、情報を見るときに"何と何の組み合わせなのか"という分析視点も忘れずにね。ちなみに、マネジメントの父として有名なP.F.ドラッカー氏は、イノベーションには①製品とサービス、②市場、消費者の行動・価値観、③製品を市場に持っていくまで、における3種類のものがあるとしているけど、このような視点も情報分析や発想の役に立つから覚えておくと良いね[1]。あととても大切なのは好奇心やトキメキかな」

学生B 「はぁ。トキメキですか」

教授 「セレンディピティ（本書第5章第1節（1）参照）という言葉、聞いたことあるかい？」

学生B 「いえ」

教授 「"幸運な偶然との出会い"という意味で、多くの科学者や芸術家が使っている。これはまさに"ひらめき"なんだけど、あるノーベル化学賞の受賞者は"何もやらない人にはセレンディピティが起こらない。一生懸命に真剣に新しいものを見つけようと行動している人には顔を出す"と言っていたよ」

学生A 「なるほど。確かに、行動を起こすためには好奇心やトキメキは大事ですね」

教授 「そういうこと。何でも"ステキ"って感覚はすごく大事でしょ。どうだい、少しはイノベーションを身近に感じてもらえたかな」

学生A 「そうですね。今日は少し寄り道して帰ってみようと思います」

教授 「素敵な偶然との出会いを願っているよ」

....

1　P.F.ドラッカー著、上田惇生編訳『マネジメント【エッセンシャル版】―基本と原則』（2001、ダイヤモンド社）、31～32ページ

は異なる評価基準を適用するなどの工夫も必要になることもあるでしょう。

● 演 習 ●

イノベーションを創出するための組織・チーム・個人にはどのような要素が必要か、本節や引用文献、その他書籍やインターネットなどで調べられるさまざまな研究などを参考に、自分なりの見解をまとめてみましょう。

第10節　共創事業構想の参考になる情報源

1　イノベーションのための情報収集

　イノベーションは既存知と既存知の組み合わせである、と言われるように、革新的なアイデアであってもゼロから生み出されるわけではありません。共創事業における良いアイデアを生み出すにも、いかにベースとなる既存知が蓄積されているかが重要なポイントになりますので、常日頃から、民間・行政両者のさまざまな情報を収集しておくことが大切になります。

　前述した「両利きの経営」という考え方は、組織のみならず個人のレベルで取り組むことができ、日々の情報収集はまさに「知の探索」でありイノベーションへの第一歩となります。各事業領域における「知の深化」は各々で深掘りしていくものですが、まさにそこには前出の「サクセストラップ」と言われる落とし穴があり、深化に偏ると

イノベーションが枯渇しかねません[24]。

　イノベーションのベースとなる、自己の組織内の知に常にアンテナを張っておくことは当然のことですが、ここでは、筆者が外部の情報源として、共創事業の構想に活用するさまざまな発想のタネやアイデア、事例の収集のために、常時チェックしている主なメディアや、仕事・プライベートでよく訪れている場について紹介します。

① 専門誌

　　『月刊 事業構想』（事業構想大学院大学出版部）

　　『月刊 販促会議』（宣伝会議）

　　『月刊 ガバナンス』（ぎょうせい）

　　『隔週刊 日経グローカル』（日本経済新聞社）

　　『毎日フォーラム　日本の選択』（毎日新聞社）

　をはじめとした、行政視点やビジネス視点から、SDGsや地方創生など共創の参考になる情報を取り上げている専門誌。

② WEBサイト

　　『事業構想オンライン』（事業構想大学院大学出版部）

　　https://www.projectdesign.jp/

　　『新・公民連携最前線 PPPまちづくり』（日経BP総合研究所）

　　https://project.nikkeibp.co.jp/ppp/

　　『自治体通信ONLINE』（イシン）

　　https://www.jt-tsushin.jp/

　　『GLOCAL MISSION TIMES』（日本人材機構）

24　『両利きの経営』監訳者の入山章栄氏によると、現在イノベーションに課題を抱える日本企業の多くはこの罠に陥っているという見解があります（同書9ページ）。

https://www.glocaltimes.jp/

『ジチタイワークス』（ホープ）

https://jichitai.works/

をはじめとした、行政視点やビジネス視点から、SDGsや地方創生など共創の参考になる情報を取り上げているWEBサイト。

なお、QRコード（14ページ）からアクセスできる本書のWEBサイトに、各URLへのリンクを設定してあります。

③ その他イベントなど

ア　フューチャーセンターやインキュベーション施設などで行われるフューチャーセッションや異業種交流会、マッチングイベント、セミナー。地域で行われているリビングラボなど

イ　パシフィコ横浜、東京ビッグサイトなどのコンベンション施設での各種展示会・見本市など

ウ　社会課題や地域課題をテーマにしたシンポジウムやセミナーなど

このように、筆者が共創に携わるようになった十数年前に比べ、共創に役立つさまざまな情報は、各メディアやセミナーなどで格段に増えています。皆さんも、共創のベースとなる知を蓄積できるような、自分なりの情報収集手段を探してみてください。

2　民間サイドの課題把握につながる情報収集

共創事業における情報収集には、イノベーションの材料になる知を探索するためのもの以外に、主に民間サイドが共創事業に取り組む際に、目的となる社会や地域の課題を把握するためのものがあります。

① 公表されている資料からの情報収集

基本的に地方自治体は、長期的かつ大きなものから、個別の施策・事業に関するものまで、系統立ったさまざまな計画や方針などを策定し公表しています。

　例えば、前出の横浜市中期4か年計画は、将来的な課題を踏まえつつ、主に名称の通り4年という中期的な期間に行う横浜市の政策や施策などについてまとめた計画になりますし、その他にも個別の施策や事業に関するさまざまな方針や計画が策定され公表されています。

　また、地方自治体の首長の施政方針やインタビュー記事、毎年度の予算や予算関連資料なども、行政の把握している課題や関心事項・取り組みのプライオリティなどを把握するうえでは欠かせない情報源です。

　まず、民間が行政に提案をする前には、共創事業を行いたいエリアに関するこれらの公表資料を調査し、課題の発見や課題設定の修正などに活用することが欠かせません。

② 行政からの直接収集

　行政の公表資料は、その立場上、どうしても総花的な内容になってしまっていたり、細かい本音の部分の記載がなかったりします。

　そのため、できれば対面での情報収集をしたほうが、よりリアルな課題の把握につながります。

　これには、民間として関心のある共創事業に関連する所管事業を担当する部署を探し、何らかの伝手を使って直接話を聞きに行くのが一番ですが、最近は全国各地で民間との連携を推進する部署がある地方自治体も増えていますので、そのような部署に相談をするのも良いでしょう。（図9参照）

　また、地方自治体などが主催するフォーラムやフューチャーセッション的な対話の場、その他の民間と行政が同席できる交流会などに積極的に参加して、行政職員の話を聞くことも有効です。

③ 地域からの直接情報収集

行政が把握している課題と、地域の本当の困りごととしての課題は、さまざまな理由からズレが生じていることも有り得ます。

そのため、もし民間サイドのネットワークで地域との伝手がつくれる場合や、地方自治体からの紹介を得られる場合などには、地域の住民や組織に直接話を聞くことも、よりリアルな課題把握につながります。

ただ、地域とのつながりをつくるのは民間にとって難しいことも多いと思います。そこで、行政からの情報収集の場合と同様、当該地域や似たような環境・状況の他の地域の住民や団体、NPOなどが主催する、地域課題をテーマとしたフォーラムやリビングラボなどの対話の場などがあれば、参加をして情報を集めるのも良い方法です。

● 演 習 ●

本節で取り上げているものや機会以外にも、イノベーションのための知の収集につながる情報源を探し、整理しておきましょう。

第11節　ネットワークづくり

共創を行うためには、自己の組織以外のパートナーが不可欠です。

黙っていてもパートナーが見つかる、話が来るようになるには、知名度を上げるための相当な時間と実績が必要ですので、まずは自分から積極的に動くこと、発信することで、共創パートナーになり得る人・組織とのネットワークをつくることが必要になります。

民間サイドの視点ですと、社会や地域の課題に役立ちそうなアイデ

アやリソース、ソリューションを持って、共創に関心がありそうな地方自治体に相談・提案してみることや行政職員が読むようなメディアにそれらの情報を取り上げてもらうこと、また、情報収集と同様に、行政職員も参加しているような異業種交流会やセミナー、フューチャーセッションの場、社会や地域の課題をテーマにしたシンポジウムやフォーラムなどに顔を出すことなどが有効でしょう。

　行政サイドの視点ですと、自分たちが民間との共創を希望する組織であることや実際の共創事例を、民間が見るようなメディアやインターネットを活用して積極的に発信すること、民間との共創をテーマとしたシンポジウムやフォーラム、フューチャーセッション、リビングラボ、アイデアソン・ハッカソン、マッチングイベント、異業種交流会などの対話の機会や場を開催すること、また、自分たちも積極的に民間が参加している展示会や見本市、シンポジウム、異業種交流会、フューチャーセッションの場などに顔を出すことなどが有効でしょう。

　共創の基本は対話ですから、対話ができるネットワーク創りは共創の推進において最も基本になるところです。横浜市においても、当初から共創フォーラムをはじめとしたさまざまな対話の場の開催や事例の発信、さまざまな展示会やセミナーなどの交流の場への出席などを積極的に行い、数多くの民間とのネットワークを構築してきたことが、現在の数多くの共創事業の実現につながってきたものと考えます。

第12節　情報のチャネル・リーチ

　共創事業には、前節でも述べた通り、パートナーが必要です。
　そのため、民間でも行政でも、自分たちのことをしっかりと何らかのチャネル（経路）でリーチ（到達）させなければ、仲間づくりは進

みません。

　まず、リーチする情報は、自己の組織が共創に取り組んでいる・意欲があるという組織自体の情報。そして、提案窓口や公募の情報、サウンディング調査の参加者募集情報、自己の組織のリソースやソリューション情報などの個別の情報、の二つの内容に分かれます。

　また、リーチのチャネルを増やすためには、ネットワークづくりと同様の方法で、共創パートナーになりうる方々に積極的に発信や対話をして情報を提供していくことが必要です。

　例えば横浜市では、各種対話の場の開催や民間が多く出店している展示会や見本市などへの訪問などのリアルなチャネル、また、共創メーリングリストによる共創情報メールマガジンの配信、共創フレンズという民間登録制度などのインターネット上のチャネルを活用して、広くリーチを図っています。

　特に行政サイドが意識しておきたいポイントとしては、横浜市のテーマ型フロントのような公募型の民間提案制度や、サウンディング調査、共創フォーラムをはじめとした対話の場への参加者募集など、特定の民間サイドのアクションを求めるような共創の取り組みを行う場合に、リーチをしっかりやらないと、もし提案や参加が少ない・無いというときに、果たしてリーチが問題だったのか、それとも内容が問題だったのか、とうことについての判断ができず、事後の適切な対策が立てられなくなってしまいますので、ご注意ください。

● 演 習 ●

　自分や自組織の情報提供チャネルやリーチ方法が、共創の仲間づくりの視点で見たときに適切・効果的なものか、あらためて検討してみましょう。

第13節　共創で民間が留意すべき点

　民間の皆さんが行政に対して何らかの共創事業を相談・提案する場合に、民間とはさまざまな部分で異なるプレイヤーである行政を相手にすることになります。そのため、あらかじめいくつか留意しておいたほうがよい要素があります。

① 行政サイドの事情を知る

　行政は公共機関としての性質上、すべての事業において公益性や公共性、公平性や平等性という観点を、程度の問題はあれ全く外すということはできません。また国民・市民などの税金を主な活動原資としている性質上、予算の執行や契約手続、意思決定プロセスもシビアです。また、許認可その他の事業活動にも民間とは異なるさまざまな法的及び住民との関係などから生ずる事実的な制限があることは避けられません。

　行政活動には、これら「民主主義のコスト」とも呼ばれる、さまざまな手続やルールを経ることが必要とされているため、意思決定のスピードやさまざまな対応の柔軟性において、どうしても民間との差が生じてしまいます。

　この点は、民間の皆さんもある程度理解をされているとは思いますが、共創への意識や理解の差は無視したとしても、実際の共創を進めていくと、より如実に感じることかと思います。

　できれば、このような事情をある程度踏まえたうえでの提案内容や事業スケジュールの設定などについて意識してもらえると、より共創事業の構想が進むことと思います。

　逆に、行政サイドは、このような制限を盾に取ってイノベーションを阻害するのではなく、法令や制度などの運用のプロとして、制限の

範囲内でできるだけ柔軟な対応をする工夫や努力が必要になることは言うまでもありません。

② 一般的な課題解決と地域の課題解決のプライオリティの差
　社会や地域の課題は、基本的には多くが全国共通のものでしょう。例えば、超高齢化、少子化、公共施設・インフラ老朽化、災害対策、環境保全などは、どの地域でも頻繁に耳にする課題です。
　しかしながら、より具体的な地域にフォーカスしてみると、立地や交通網、基幹産業など、その地域が置かれた状況によって、地域課題つまり「その地域の本当の困りごと」の重要度や解決の必要性が異なってくるはずです。
　また、地域の行政を担う地方自治体は、その地域における課題の解決のための網羅的な公共的業務を行っていますが、予算やマンパワーなどの資源には限界がありますから、その地域における課題の重要性や解決の必要性に応じて、その対応にプライオリティを付けざるを得ません。
　このような理由から、社会一般的な課題の解決に資する共創事業でも、ある地域にとってはその課題解決に対するプライオリティが低いため、地方自治体が限られた資源を使い、あえて民間と連携し取り組むべき公益性も低い、という場合があり得るのです。
　本章第2節3①の失敗事例で取り上げた少子化の事例と重複しますが、分かりやすい仮想事例として、若者の非婚化・晩婚化それに伴う少子化という課題を考えてみます。この課題に資するソリューションの一つとしては、若者らのマッチングを促進するような場や機会を提供することがあるでしょう。しかしながら、このような取組に行政が関与する公益性や必要性は、若者人口が集中する都市部と減少している地方部では全く異なってくるはずです。そのため、そのような機会

や場をつくるイベントの提案に対する行政の「ノリ」は、地域により全く異なってくることは想像できることと思います。

　民間が行政に共創事業の相談や提案を行う場合には、このような点を意識して、一般的な課題だけから見るのではなく、その地域の状況や本当の困りごととしての課題をある程度調査・考慮しないと、ミスマッチが生じてしまうことに留意してください。

第14節　その他共創のポイント

　これまで、筆者の経験に基づき、共創に関するさまざまな知見やノウハウをご紹介してきましたが、それらから漏れてしまったポイントについて、ここでまとめて取り上げたいと思います。

① ゼロからではなく、構造的に似たものを探して真似る

　もし、同様の前例が無く新しい取り組みであっても、事業のフレームや基本スキームなどの構造部分に着目してみると、他に同じような構造の取り組みがあったりします。これは、枝葉の部分まで同じ形の樹木は無いけども、幹の部分だけ見れば同じような形の樹木があるというイメージです。

　具体的には、例えば、共創事業の中で公共の施設に何か民間の構造物を設置しなくてはならないという場合に、直接同じ事例は見つからないけれども、細かいことはさておき「公共施設に民間のモノを置く」という基本的な構造の面だけを見れば、市庁舎への民間の自動販売機設置の手続やスキームが参考になるのではないか、などと考えてみるということです。

　イノベーションは、ゼロから思いつくものでばかりではないことは何度も述べているところですし、さまざまな先人の知恵がある世界の

中で何でもゼロから考えるのは非効率です。まずは、全く同じものは見つからなくても、事業の構造部分に絞って調べれば、先人の知恵を借りることができるかもしれません。

② できるだけシンプルな事業スキームを構築する

　共創事業は、さまざまな人々や組織が協力して創り実行するという性質上、複数のパートナーやステークホルダーが関与することや、新しい取り組みである場合が多いことなどから、複雑なスキームですと理解に差ができて、共感を得にくかったり、無用なトラブルの元になったりします。

　また、必要以上に複雑で手間のかかる手続があるようなスキームは、面倒くささが先行したり、柔軟性やコスト面などに問題が生じたりし、持続性に乏しく、波及力の低い事業になるおそれが高まります。

　初めてのことは不安であり、どうしてもあれこれ飾り立てたくなる気持ちはよく分かりますが、複雑にすることには一定のメリットもあれば、逆にデメリットもいろいろとありますので、仕組みや手続の必要性やレベル感などの軽重をしっかり考えたうえで、可能な範囲でシンプルなスキームづくりを心掛けたほうが良いと考えます。

③ 小さな成功事例の積み重ねと発信

　全国の共創事例を調べてみると、大規模で派手な事例も多く目につきます。たしかにメディアで多く取り上げられるような案件は、実績的にも高く評価されやすく、誰もが取り組んでみたいところでしょう。

　しかし、社会や地域の課題には小さくても大切なものは沢山ありますから、共創事業のような新たな方法で解決に取り組む場合は、まずはやりやすい規模で、小さくても共感が得られるような「ハッピーな」成功実績を積み上げて、積極的に発信していくことが大切です。

迂遠なようですが、これにより、リスクの軽減もできますし、経験・ノウハウ・実績の蓄積が信頼や説得力を生み、社会での認知度も徐々に高まることで、かえって将来の大きな共創事業につながる近道になるものと考えます。

　実際に筆者も、共創の初期には、小さくても社会やメディアから「いいね！」をもらえるような案件を進めながら経験を積んだことで、より大きな案件につながっていったところです。

④　ステークホルダーの理解と応援を得る努力

　新たな取組の場合は、どうしても細かい部分に目が届かず、小さなトラブルが生じてしまうことは避けられません。

　そのため、直接的、間接的を問わず、事業のステークホルダーと考えられる組織や人々には、事業の趣旨を理解してもらい、応援者となってもらうことが必要であり、少し広いくらいの範囲のステークホルダーを想定した調整や根回しは怠るべきではありません。

　そうしないと、小さなトラブルであっても「それ見たことか！」「やっぱり問題があるじゃないか！」というような指摘を受けやすくなりますので、大筋うまくいっていたとしても、細かいところで足をすくわれ、その後の共創の取組の推進に影響を与えてしまうおそれがあります。

第15節　行政や民間の組織に与える　　共創の良い影響

　本章の最後に、共創のノウハウやポイントから少し視点を変えて、たまに質問を受けるものとして、共創の取り組みがさまざまな組織に与える良い影響、について筆者が思うところを簡単に紹介しておきま

す。

① 社会や地域の課題を、自分ごととして見直せる契機になる

② 前向きな意味で、自分の組織にはない知見、自分の組織の限界を、
リアルに知ることができる

③ 民間も行政も、公共をつくり、社会をより良いものにしていく主
体・仲間であるという認識を持てる

④ 新たな課題に取り組むために必要な、組織風土やスタッフの柔軟
な考え方などを創っていくためのトレーニングになる

● 演 習 ●

共創に取り組むことで得られる良い影響について、自分の組織に
当てはめて、具体的に考えてみましょう。

第6章

ビジネス思考法・
フレームワークを活用した
共創事業構想（発展編）

本書ではこれまで、共創の考え方や事例、ノウハウなど、共創を進めるうえでの基本的な要素を取り上げてきました。

　共創事業の構想にあたっては、共創サイクルの流れに沿って、前章で取り上げたPPRPや3PMの要素を意識しながら、その他の各ポイントに留意しながら進めていただければ、基本的には問題ないものと考えます。

　ただ、現在筆者は、アメリカで近年新たに生み出されてきたビジネスモデル構築の思考法やフレームワークを共創に合わせた形で修正しながら活用し、より精緻かつシステム化した形での共創事業構想を行っています。

　そこで本章では、これまでのまとめも兼ねつつ、本書執筆時点における最新のメソッドを取り上げる「発展編」として、既に社会実装されている具体的な共創フロントへの民間提案を参考事例とし、その共創事業構想について、現在筆者が活用している思考法やビジネスフレームワークを紹介しながら、留意すべきポイントなどを整理しつつ、思考の流れを見える化していきたいと思います。

　なお、本章は本書を総括する性質も兼ね備えています。重要な要素については、これまでの記述と重複する部分も出てきますので、その点ご容赦ください。

第1節　基本的なフレームワーク

　まずは、本書執筆時点で、筆者が共創事業の構想を進める際に、常時活用している基本的フレームワークについてご紹介します。

1　共創サイクル

　共創事業の構想は、前章第1節で取り上げた通り、共創サイクルの流れで進んでいく点は変わらず、基本的なフレームとなります（図14を参照）。

　本章ではそのサイクルのうち、共創事業の構想で最も重要となる、発・着・想から構想案の作成とリサーチを経て社会・地域にローンチするまでの段階を取り上げます。

2　公民共創版リーンキャンバス

　筆者は、共創サイクルの発・着・想から構想案作成に至るまでの初期段階において、事業仮説である共創事業アイデア（114ページ）を構築するための要素を整理するフレームワークとして、公民共創版リーンキャンバスを使用しています（図26）。

　この公民共創版リーンキャンバスは、スタートアップのビジネスモデルに必要な要素を、相互の関連性を意識して配置された9つの構築ブロックを持つ一枚のシートにまとめることで、スピーディーに仮説構築・検討・修正ができ、投資家やステークホルダーからの共感を得られるような説明をシンプルに行うことができるフレームワークとしてアメリカで生み出され、起業や新規事業の検討などで広く国内外で活用されている「リーンキャンバス」[1]をベースに、筆者が共創事業構想の性質に合わせ、内容を一部修正して活用しているものです。

1　リーンキャンバスの典拠は、アッシュ・マウリャ著、角征典訳、渡辺千賀解説『Running Lean－実践リーンスタートアップ』（2012、オライリージャパン）です。基本的な考え方や使い方については、筆者が修正・活用している公民連携版リーンキャンバスと大きな違いは無いので、より詳しく学びたい方は、この書籍を参考にしてください。

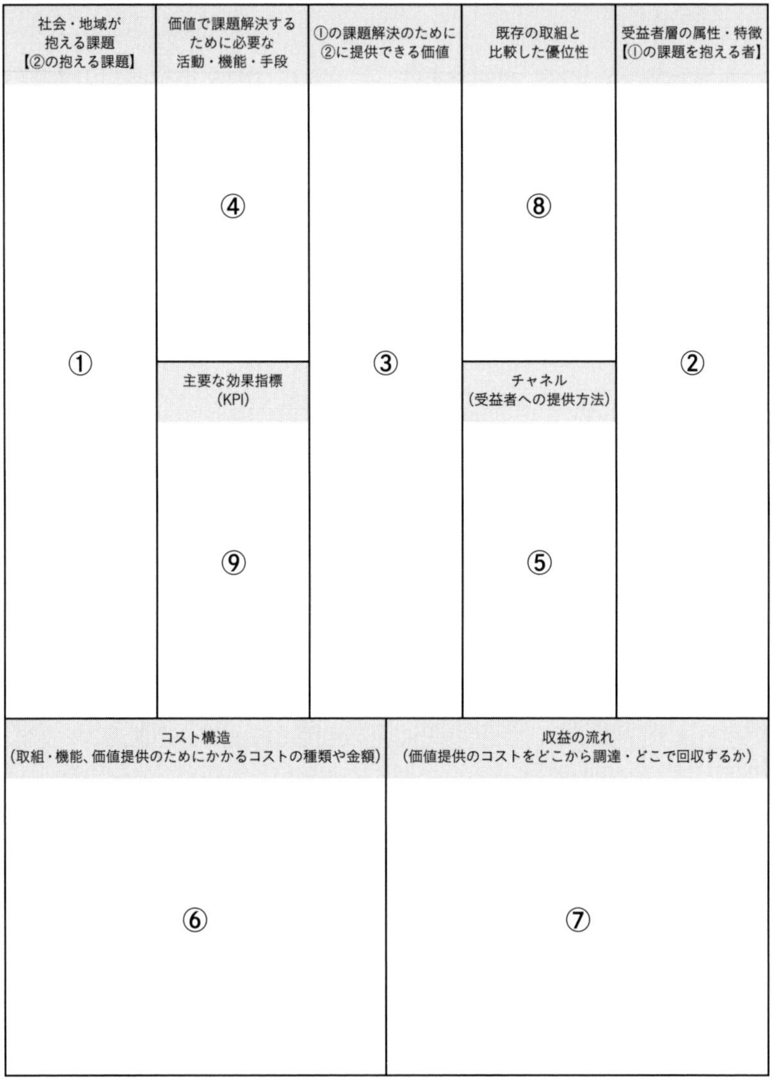

社会・地域が抱える課題【②の抱える課題】	価値で課題解決するために必要な活動・機能・手段	①の課題解決のために②に提供できる価値	既存の取組と比較した優位性	受益者層の属性・特徴【①の課題を抱える者】
①	④	③	⑧	②
	主要な効果指標（KPI） ⑨		チャネル（受益者への提供方法） ⑤	

コスト構造（取組・機能、価値提供のためにかかるコストの種類や金額）	収益の流れ（価値提供のコストをどこから調達・どこで回収するか）
⑥	⑦

出典：アッシュ・マウリャ『Running Lean ―実践リーンスタートアップ』（2012、オライリージャパン）より筆者が一部修正

図26：公民共創版リーンキャンバス

ビジネスモデルとは「どのように価値を創造し、顧客に届けるかを論理的に記述したもの」[2]ですので、課題解決のための新たな価値を創造する共創事業の構想も、まさに新規事業のビジネスモデルの構築に他なりません。そのため、筆者の実践に基づく感覚では、現時点で共創事業の構想に最も有効なフレームワークだと考えています。

ここでは、図26の公民共創版リーンキャンバスを構成する各ブロック①～⑨の内容を、順に説明しておきましょう。

なお、④～⑨に関しては数字の順に検討することをお勧めしますが、①～③に関しては、発・着・想の経緯や状況に応じ順不同になってきます。

① 社会・地域が抱える課題

共創事業によって、価値（③）を創造・提供して解決すべき社会や地域の課題について記述するブロックです。主に受益者（②）が直接的・間接的に抱える課題が中心になると思われます。

また、共創事業の場合は、連携する行政の「共感」が必要になりますので、当該行政が把握し何らかの形で解決に取り組んでいる又は取り組みたい課題、つまり当該地域の「行政課題」との関連性も意識する必要があります。

なお、この①と次の②の把握・設定が甘いと、③以降で適切な良いソリューションが生み出せませんので、前章で取り上げたようなさまざまな情報源を活かして、「本当の困りごと」か、また「誰の困りごと」か、をしっかりと探索することが重要です。

② 受益者層の属性・特徴

課題（①）を抱え、価値（③）を届けるべき受益者層の属性や特徴

---

2 アレックス・オスターワイルダー＆イヴ・ピニュール著、小山龍介訳『ビジネスモデル・ジェネレーション ビジネスモデル設計書』（2012、翔泳社）、14ページ

について記述するブロックです。

　共創事業の場合は、地域の住民や企業、行政などが考えられますが、単に「住民」などという大きな括りではなく、課題・ニーズや行動、態度などを共有する、できるだけリアルな受益者層を設定することが大切です。なお、間接的な受益者を記載し始めるとキリがないので、基本的には価値提供により直接的に利益を受ける者に絞って記載すると良いでしょう。

③　課題解決のために提供できる価値

　共創事業により受益者層（②）にチャネル（⑤）を通じて提供され、課題（①）の解決につながる価値を記述するブロックです。

　主に、共創事業の柱となるリソース（技術や物資、サービス、ノウハウ、権利など）が元々持っている価値や共創事業によって新たに生み出される価値が中心となります。この価値をかみ砕いて言うと「課題解決に役立つ・意味があるモノ・コト・特徴・性質」などが中心となると考えられます。

　この③から⑤にかけての辺りが、最も創造的なアイデア創出が必要となるところですので、本書の200～201ページなどのイノベーションの基本的な考え方などを意識しつつ、対話やリサーチによってできるだけ多くの知や情報を集め、前例に囚われ過ぎず、多面的かつ柔軟な頭で徹底的に考え抜くことが必要になるところです。

④　価値で課題解決をするために必要な活動・機能・手段

　受益者層（②）に価値（③）を創出・提供し、課題（①）の解決をするために、共創パートナーが各自または連携して実施すべき活動や機能、手段などの具体的なアクションを記述するブロックです。

　共創事業のスキームや外形上の見え方は、主にこのブロックとチャネル（⑤）に記載された活動によって決まることが多いです。

⑤　チャネル

価値（③）を、受益者（②）に提供するための経路について記述するブロックです。

主に輸送・直接配布・イベント参加などのアナログ・物理的経路とインターネットなどを介したデジタル・バーチャルな経路があると考えられます。

⑥ コスト構造

①〜⑤及び⑨を実行するために必要と思われるコストの種類や金額などを記述するブロックで、⑦の収益と対になります。

このキャンバスを活用する共創事業構想の初期段階では、コストの種類や金額を詳細に記述することは難しい場合もあるため、作成時点では、共創事業の実行に最低限必要・大まかに想定できるレベルでも構いません。

⑦ 収益の流れ

コストを賄うための収益方法や金額（場合よってはコスト削減による経費相殺やボランティアなどによる無償部分）について記述するブロックです。

ここでは、価値（③）を受益者層に提供することにより生じる直接・的・間接的な収益の流れについて、前章第5節の共創事業の資金調達方法を参考にしながら考えることになります。

ここも、コスト（⑥）と同じく、初期段階では詳細に記述することは難しい場合もあるため、作成時点では、共創事業の実行に最低限必要・大まかに想定できるレベルでも構いません。

⑧ 既存の取組と比較した優位性

共創事業は、従来にない新たな取り組みであることが多くを占めます。そのため、さまざまな場面で「あえてなぜそれをやるのか？チャレンジするのか？」という問いに対する説明が必要になります。

そのため、受益者や共創パートナーにとって、既存の取り組みと比

較して何が便利になるか、何を補填できるようになるか、などといった、既存の取組に対する優位性を考慮しておくことが重要です。

⑨ 主要な効果指標（KPI）

　共創事業を持続可能なものとするため、また、実証実験であれば実装につなげていくために、共創パートナー各自の組織及び事業のステークホルダーに、事業効果を説明するために必要な評価指標を当初から考えておくことが重要です。

　これを想定しておくことで、共創サイクルのコミュニケーションの段階で述べたように、共創事業の構想案を固めていくなかで、事業の中で評価データを取得できる仕組みを準備しておくことや、共創パートナー間の契約で評価データの取得主体や方法を事前に定めておくことにもつながります。

3　公民共創版ビジネスモデルハウス

　公民共創版リーンキャンバスによって仮説を立てた共創事業アイデアを、PPRPや3PMをはじめとした諸要素を加えて実装に耐えうる共創事業の構想案にしていく段階で活用している、より詳細で、共創事業のビジネスモデル全体を俯瞰できるフレームワークが公民共創版ビジネスモデルハウスです。（図27）

　これは、アメリカで生み出され、世界中の民間企業や政府機関などにおいて広く使われているビジネスモデルフレームワークの一つ「ビジネスモデルキャンバス」[3]と、事業構想大学院大学において同キャンバスにいくつかの要素を加えた「ビジネスモデルの家（business

---

3　ビジネスモデルキャンバスの典拠は、注2と同書です。基本的な考え方や使い方については、筆者が修正・活用している公民共創版ビジネスモデルハウスと大きな違いは無く、また、既存企業のビジネスモデル分析など多くの点で示唆に富む、非常に参考になる書籍ですので、より詳しく学びたい方はそちらを参考にしてください。

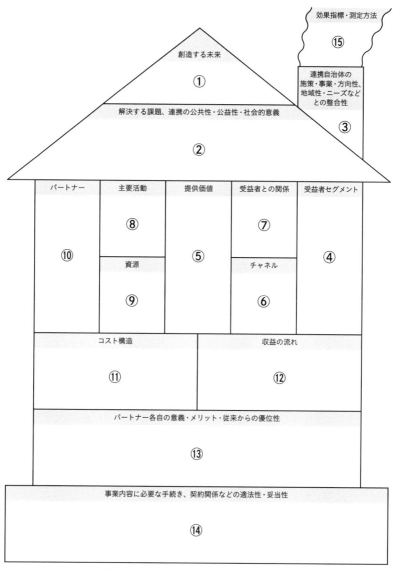

出典：アレックス・オスターワイルダー、イヴ・ピニュール
『ビジネスモデル・ジェネレーション　ビジネスモデル設計書』(2012、翔泳社)
中嶋聞多、小塩篤史「事業アイデアからビジネスモデルへ理想の構想案をつくる」
『月刊事業構想 2014 年 9 月号』事業構想大学院大学より筆者が一部改変

図27：公民共創版ビジネスモデルハウス

model house）」をベースとして、筆者が共創事業構想の性質に合わせて構築ブロックを増やしたり内容を加筆・修正して活用しているものです。

　元としたビジネスモデルキャンバスは、ビジネスモデルを記述し、ビジュアライズし、評価し、変革するための共通言語になるツールとして、ビジネスモデル構築に必要な要素を、相互の関連性を考慮して配置した9つの構築ブロックを持つ一枚のシートにまとめたフレームワークです。前述した通り共創事業の構想案もビジネスモデルであることに変わりはないため、このフレームワークは共創事業の構想においても有効に活用可能です。

　なお、先に取り上げたリーンキャンバスは、このビジネスモデルキャンバスをベースにして、特にスタートアップ（起業・新規事業立ち上げ）向けに考案されたものであるため、基本的な形式は似ていますが、後述の通り効果的に使用できる状況やタイミングが異なり、内容も一部異なっていますのでご注意ください。

　公民共創版ビジネスモデルハウスについても、各構築ブロックの内容を説明しておきましょう。

　なお、公民共創版ビジネスモデルハウスの場合は、共創事業のビジネスモデルを構築するうえで必要な各項目を漏らさず検討する整理ツールの性質がより強いこと、また、各ブロックの要素を同時並行で検討やリサーチを進めていくことから、明確に各構築ブロックの検討の順番は定めておらず、各ブロックの番号が検討順を示しているわけではないのでご注意ください。ただし、公民共創版リーンキャンバスとリンクするブロックは共創事業のビジネスモデルの骨格になりますので、もし、公民共創版リーンキャンバスの作成を省いていた場合は、優先して検討すべきところです。

　また、以下の各ブロックの説明のうち、PPRPモデルや3PMモデ

ル、公民共創版リーンキャンバスとリンクする部分については、同様の記述になるため詳細な説明を省いています。

① 創造する未来

②よりも一段高い・広い視点で、共創事業がどのような未来につながるかを記述するブロックです。

現在ですと、民間と行政の共通言語になり得るSDGsの17のゴール・169のターゲットや地方創生の文脈などから考えると、共創パートナーやステークホルダーの共感を得やすくなるものと考えられます。

② 解決する課題、連携の公共性・公益性・社会的意義

構想する共創事業で解決する課題は何か、及び連携にどのような公共性や公益性、社会的意義があるかを記述するブロックです。

共創事業の公共性・公益性・社会的意義は、社会や地域の課題解決に資する取り組みであることから生み出されるものですので、内容的には公民共創版リーンキャンバスの「②社会・地域が抱える課題」とリンクします。

③ 連携自治体の施策・事業・方向性、地域性・ニーズなどとの整合性

ここは、①や②に関連してくる部分ですが、それらよりもう一歩踏み込んで、地域における「本当の困りごと＝課題」と共創事業との、よりリアルな整合性について意識・確認するためのブロックです。

地方自治体などの地域の公的組織が、共創パートナーの一員として共創事業を進めていくためには、当該地域・組織の課題認識（地域課題・行政課題）や、それを踏まえた計画や施策、事業などの方向性・内容、また、当該地域の特徴・性質・ニーズなどと共創事業の目的の合致が必要となります。また、前章13節②で述べた、一般的な課題と地域の課題の差異についてもこのブロックの検討においては意識してください。

これら①〜③については、PPRPモデルの「Purpose（目的）」ともリンクします。

④　受益者セグメント

　②の社会的意義などを達成するために、共創事業により創出した価値を提供するべき受益者層について記載するブロックです。

　公民共創版リーンキャンバスの「②受益者層の属性・特徴」とリンクします。

⑤　提供価値

　共創事業により創出し、受益者に提供する価値について記述するブロックです。

　公民共創版リーンキャンバスの「③価値」とリンクします。

⑥　チャネル

　⑤の価値を④の受益者にどのように届けるかについて記述するブロックです。

　公民共創版リーンキャンバスの「⑤チャネル」とリンクします。

⑦　受益者との関係

　共創事業における共創パートナーと受益者がどのような関係を結ぶのかということを記述するブロックです。

　具体的には、対面の相談や販売など直接的な人のやり取りが必要な関係やイベントの主催者・参加者の関係、特定の場所でのセルフサービス、機械やシステムを活用した自動サービス、コミュニティの形成、実証実験・共同開発などの協働関係など、さまざまな関係の形が考えられます。

⑧　主要活動

　⑤の価値を創出・提供するのに必要となる、⑩のパートナーと連携・シェアして行う主要活動について記述するブロックです。

　公民共創版リーンキャンバスの「④活動・機能・手段」とリンクし

ます。

⑨ 資源

⑤の価値を④の受益者に提案・提供し、社会的・地域的課題を解決するために必要な、主に⑩のパートナーが負担する物的・人的・知的資源（金銭的な資源は⑫の収益として扱います）を記述するブロックです。

PPRPモデルの「Resource（資源）」とリンクします。

⑩ パートナー

共創事業を実行するにあたっての共創パートナーを記述するブロックです。

ここは、ステークホルダー全部ではなく、⑧の主要活動・連携を行い⑨の資源を提供し合う者など、共創事業の主要なパートナーに絞ったほうが、全体像が分かりやすくなるでしょう。

⑪ コスト構造

価値創出・提供のための諸活動をはじめとして、共創事業の実行にかかるコストを記述するブロックです。

公民共創版リーンキャンバスの「⑥コスト構造」とリンクします。

⑫ 収益の流れ

共創事業に必要な費用を調達・回収する方法や資金の流れを記述するブロックです。

公民共創版リーンキャンバスの「⑦収益の流れ」やPPRPモデルの「Resource（資源）」のうち金銭的な資源とリンクします。

⑬ パートナー各自の意義・メリット・従来からの優位性

共創パートナー各者が共創事業に取り組む意義や得られるメリット、及び、これまでの状態と比較した優位性を記述するブロックです。

ここでは、金銭的・非金銭的、直接的・間接的を問わず、また共創パートナー各者の組織内は当然のこととして、各者のメリットについ

て外部のステークホルダーに問われたときでも説明責任を果たせるよう、共創パートナー間でしっかりと対話・検討し、合意しておくことが重要です。

　ここは3PMモデルと公民共創版リーンキャンバスの「⑧既存の取り組みと比較した優位性」にリンクします。

⑭　事業内容に必要な手続、契約関係などの適法性・妥当性

　共創事業の内容及び共創パートナー間の契約関係の構築にあたって、必要な手続の適法性や妥当性、また漏れがないか、を意識・確認するためのブロックです。

　PPRPモデルの「Process（過程・手続)」とリンクします。

⑮　効果指標・測定方法

　共創事業の効果指標や測定方法について記述するブロックです。

　公民共創版リーンキャンバスの「⑨主要な効果指標（KPI）」とリンクしますが、共創事業の構想案を固めていく中では、より詳しく、指標だけでなく共創パートナー間における具体的な測定方法や役割分担なども定めていく必要があります。

・　演　習　・

　本節の2つのフレームワーク（公民共創版リーンキャンバス、ビジネスモデルハウス）を活用する場合は、事前に、元となったリーンキャンバス・ビジネスモデルキャンバスについて、引用文献などを参考にして、基本的な考え方や使い方を学んでおきましょう。

公共性、公益性、社会・地域課題、行政課題とは

共創事業には「公共性」「公益性」「社会課題」「地域課題」「行政課題」の視点が欠かせない要素であることは本書で何度も言及しているところですが、実際何なのか？というところは分かりにくいですよね。

これらは、詳しく理論的に掘り下げていくと深みに嵌っていってしまいますので、あくまで共創事業に関する視点からですが、参考として筆者の考え方をご紹介したいと思います。

まず、それぞれの言葉の意味を整理してみると、

公共性　：「社会全体に関する性質」

公益性　：「個人の利益（私益）や特定の組織や集団の利益（共益）ではなく、不特定かつ多数の者の社会全般の利益に関する性質」

社会課題：「社会が一般的に抱える課題」

地域課題：「特定の地域が抱える課題（社会課題と重なる部分あり）」

行政課題：「社会・地域課題のうち行政が認識し解決に取り組む課題」

おおむね、このような意味になるかと思います。

これら5つの要素は、全体的には前述のPPRPの目的（Purpose）や公民共創版ビジネスモデルハウスの①〜③の部分に該当します。

その他個別的には、公益性は3PMモデルのバランス、社会課題・地域課題・行政課題は公民共創版リーンキャンバスの①、地域課題・行政課題は公民共創版ビジネスモデルハウスの③に直結します。

共創事業として構想をする場合のポイントとしては、これまで本文でも述べた通り、ビジネスモデルとして、受益者（顧客）が抱える何らかの社会課題・地域課題解決のためのものであることは当然として、それだけではなく、公共性と公益性の確保、そして行政課題の解決にもつながるというストーリーをしっかりと意識することです。

公共性の観点では、例えば、講座やイベントであれば、事業が社会全体に広く開かれ、希望者は誰でも参加可能なものであることが大切ですの

で、もし参加者を絞り込むならば、公募による抽選や客観的な参加者の属性による限定などの合理的理由を確保する工夫が必要でしょう。

公益性の観点では、例えば、3PMの民間メリット部分が大きすぎて実質的に民間利益が主となる事業になってしまう、民間の既存の有料会員のみが大きな利益を得る、などの事業内容では、不特定かつ多数の利益とは言えないので注意が必要でしょう。

民間サイドが共創を進める際に、行政から「公共性・公益性が……」という指摘を受けることがままあると思いますが、これもマジックワードの一つで使う側も使われる側も良く分かっていないことが多い言葉です。しかし、言葉の中身を分析すると、実際のところは上記の公共性から行政課題までの5つの要素を含んだ意味で使われているはずですので、共創事業に取り組む民間サイドとしては、これらを意識して行政の意見も踏まえた事業ストーリーを検討することが大切になります。

なお、特に民間企業の主体性が強い共創事業（特に第4章第2節2の類型2と3）の場合、行政サイドから「事業主体の公益性が低いので行政側からのリソース提供や許認可ができない」など、事業主体の公共性や公益性を問われる場合があると思われます。

この場合の対応策としては、事業内容の公共性・公益性をより高めることも有り得ますが、例えば、事業主体の公共性・公益性を高めるために単独の民間企業と行政の関係だけではなく、地域の他の企業や経済団体・地縁団体、大学などの研究・教育機関などとのアライアンスを組み、「実行委員会」や「協議会」などといった体制にすることで、単独の民間色を薄め、地域や行政が受け入れやすい形を取るなどの工夫をすることも検討すべきと考えられます。第4章第2節3の事例6における協議会設置も、その一例です。

第2節　フレームワークを活用した具体的な共創事業構想の流れ

1　取り上げる事例

　イントロダクションでご紹介した事例のうちの一つ、閉店・改装するコンビニの在庫商品を地域のために活用する共創事業を参考事例（以下本節では「事例」と表現します。）として、その発・着・想からローンチまでの流れを、前述のフレームワークを活用した流れに再構成し分析していきます[4]。

2　発・着・想の段階（公民共創版リーンキャンバスの活用）

　前章第1節で述べた通り、この段階では、さまざまな機会を活かして共創事業のタネを見つけることから始まり、そのタネをベースにアイデアを広げていきながら、共創パートナー間が「共感」を持って取り組むことができる当初の事業仮説である「共創事業アイデア」を、公民共創版リーンキャンバスに沿って構築していきます。

　なお、各要素を記述したもの（図28）を見ながら本文を読んでいただくとより分かりやすくなると思います。

　さて、事例では、横浜市と包括連携協定を締結しているセブン-イ

4　本事例分析は、フレームワークを活用した共創事業構想の流れについて、読者の皆様の理解を深めるための教科書事例になるよう、筆者の個人的見解に基づき、実際の構想の流れや内容などをベースにフレームワークに合わせた再構成をしています。そのため、実際に当該事業を構想した際のプロセスや事業要素、調整内容、各組織の考え方や意思決定要因などとは一部異なる部分がありますので、あくまで、分かりやすくするために実際の事例を参考にしたうえでの一部フィクションを含む分析であるとご理解ください。

社会・地域が抱える課題 【②の抱える課題】	価値で課題解決するために必要な活動・機能・手段	①の課題解決のために②に提供できる価値	既存の取組と比較した優位性	受益者層の属性・特徴 【①の課題を抱える者】
① 必要な物が買えない、生活困難な人がいる 公的扶助から漏れる市民がいる 福祉の支援団体物資・資金不足 食品ロスが発生する可能性 ⇒環境負荷	④ 公民共創による、流通ルート・ネットワークを構築	③ 様々な生活必需品 保存可能な商品 無料	⑧ 公民ともに従来にはない取組 コストをベネフィットにできる、新たな取組	② 生活困難者 公的扶助から漏れる市民 資金不足の各種支援団体 環境負荷の増加を抱える社会
	主要な効果指標（KPI） ⑨ 配布箱数・物数 配布先数 市民・団体数 使途のバリエーション		チャネル（受益者への提供方法） ⑤ 店舗⇒市社協 【セブン社が輸送】 市社協⇒区社協 ⇒施設・団体・NPO・ボランティアなど ⇒市民 【社協が対応】	

コスト構造 (取組・機能、価値提供のためにかかるコストの種類や金額)	収益の流れ (価値提供のコストをどこから調達・どこで回収するか)
⑥ 商品調達は無料(寄付) セブン社から市社協への輸送等コスト 市社協の全体調整・仕分け業務コスト 市社協から先の輸送・分類・配布コスト	⑦ 商品は寄付なので市民に販売は不可(収益はなし) セブン社輸送等コストは同社が負担 市社協での調整・分類業務経費は公的負担 ⇒社協業務として嘱託職員雇用 市社協以下の輸送・分類・配布は無料 ⇒社協業務やボランティアで費用かからず

「横浜市社会福祉協議会」は全て「市社協」と略記します。また、
「(株)セブン-イレブン・ジャパン」は全て「セブン社」と略記します。

図28：公民共創版リーンキャンバス（内容入り）

レブン・ジャパンとの間のコミュニケーションの中で、閉店・改装するコンビニの在庫商品の活用についての話題から共創事業のタネが生まれたという経緯になります。

　まず、この場合、アイデア次第で何らかの課題解決につなげられる「価値」を持った商品の活用が事業のタネになっていますので、公民共創版リーンキャンバスでは、まず価値（③）のブロックについて、主に共創パートナー間で検討することから始めることになります。

　コンビニ店舗に並ぶ商品の持つベースとしての価値としては、例えば、さまざまなジャンルの生活必需品、保存可能なものが多い、などというものがイメージできるでしょう。また、これ以外にも在庫という視点から見れば、調達のためのコストが不要、などという価値も考えられます。

　このように、ベースとなる価値についての分析・検討を進めながら、その価値を活用または、より高い価値を何らかの手段で創出することで解決できそうな課題（①）は何か、また価値を提供することで課題解決につながる受益者（②）は誰か、について検討をします。ここでは既存のデータや経験則などを活用しつつ、必要であればそのような課題や受益者についての情報を持つ関係機関などへの調査やヒアリングを行うことなども大切です。

　事例の場合、検討した価値が解決できる課題としては、困難を抱える市民の生活支援や食品ロスが生じる可能性を減らすなど、受益者としては、生活支援を必要とする市民やその支援団体、また環境問題を抱える社会そのものなどがイメージできるでしょう。

　なお、事例の場合のようなモノその他ヒト・カネ・サービスなどの何らかの資源活用が事業のタネとなる場合は価値のブロックから検討を始めることが多くなりますが、前述の通り①～③は発・着・想の経緯や状況に応じ順不同になります。

例えば、地方自治体において、自己の組織内や地域住民とのコミュニケーションから生まれたタネをベースに共創事業を構想していくのであれば、そこから得られた課題（①）や課題を抱える受益者層（②）から検討が始まり、その課題解決に資する価値（③）にはどのようなものがあるか、どのような組織・団体がその価値を有し共創のパートナーになり得るか、という検討の流れになるでしょう。また、民間企業が地方創生に資する新規事業を考えて公的機関との共創を求めていくためのアイデアづくりという場面では、自社で取り組みたい課題（①）やその課題を抱える受益者層（②）の分析から始める場合もあれば、自社の有する・創出できそうな資源の価値（③）を先に整理していく場合もあると考えられます。

　この課題・受益者層・価値の検討を進めることで、ビジネスモデルの基本である「誰の抱える課題をどのような価値を活用・創出して解決するか」という部分、つまり共創事業アイデアの骨格が見えてくるはずです。

　基本骨格の次は、その価値により課題を解決するために、共創パートナーが価値創出のために具体的に行うべき活動・機能・手段（④）と、受益者に誰がどのようなチャネルを通して価値を届けるか（⑤）についてのブロックの検討に入ります。

　この段階で、セブン－イレブン・ジャパンと横浜市のリソースだけでは、具体的な地域の受益者までの流通ルートが途絶えてしまい、ルート構築ができないことが見えてきました。そこで、さまざまなアイデアを検討する中で地域福祉推進のための寄付を受ける仕組みを持ち、地域との強いネットワークを有する横浜市社会福祉協議会（市社協）に、先に検討した価値提供による課題解決の流れを説明したところ、課題認識の合致・共感を頂き、共創パートナーに参加してもらえる可能性が出てきたことで、流通ルート確保に欠けていたピースを埋

めることができる確率が高まりました。

　事例の場合だと、価値の創出・提供に必要な活動としてはコンビニの在庫商品を地域に届ける流通ルートの構築と運用、チャネルとしては物理的な輸送ルートを共創パートナーがそれぞれの資源やネットワークを活かした範囲で担う、という整理になったことが分かると思います。

　必要な活動やチャネルが見えてくれば、次は、それら価値の創出・提供を行う活動やチャネルの構築・運用にかかるコスト（⑥）、そして、その費用をどこからどのように調達するかという収益の流れ（⑦）の検討が可能になります。

　まだこの段階では、細かい数字の積算や検証は難しいと思いますので、まずは、事業にかかるコストの基本的な種類と大まかな金額を整理します。そして、それを持続的に賄うことができるよう、前章5節の資金調達方法パターンを参考にしつつ、ボランティア協力などのコスト削減方法も意識しながら、共創パートナー間で、コストを賄う方法のアイデアを柔軟に検討することが必要になります。

　事例の場合では、受益者に提供する商品をセブン－イレブン・ジャパンから社会福祉協議会への寄付として調達費用をゼロにしたうえで、在庫を別の方法で活用することによるセブン－イレブン・ジャパンのコスト削減分を商品の仕分けや箱詰め、運搬などのコストの代わりにすること、社会福祉協議会以降地域の受益者までの流通などのコストは公的負担及び地域のボランティアの協力を得ることなど、事業のコストを削減しながら、さまざまな方法でシェアして賄っていく形で仮説を立てています。

　事業にかかるおおまかなコストや収益についての検討の後は、当該共創事業が、既存の取り組みと比較して優位な部分（⑧）を整理します。ここでは、これまでに無い新たな取り組みであることや、既存の

取り組みではあるが受益者の利便性・課題解決効果が向上する・コストが削減できるなど、新たなチャレンジをするメリットを整理します。

　ここは、共創パートナーの組織内部での意思決定やPRのためのニュースバリューに直結するところですので、構想の当初から意識しておくほうが良いでしょう。

　事例では、民間・行政ともに従来にない取り組みであること、在庫に伴うコストをベネフィット（利益・便益など）に変えられる新たな取り組みであること、が挙げられます。

　最後に、これまで整理してきた共創事業アイデアの内容を踏まえ、その効果を計る指標（⑨）は何かということを検討します。効果指標は、この後の実現に向けた構想案作成の中で効果測定方法などの検討を忘れずに行っていくため、また、共創事業に取り組む説明責任やローンチ後のコミュニケーションを通じて事業改善を行っていくために重要な要素になりますので、大まかでもこの段階で意識しておくことが大切です。事例では、地域に配布できた商品の数や配布先数、使途のバリエーションなどが効果指標になると考えられます。

3　リーンキャンバスの有効性

　以上、公民共創版リーンキャンバスに沿って、発・着・想段階での当初のビジネスモデル仮説となる共創事業アイデア構築の流れを見てきました。

　ここまでで、ビジネスモデルの最も大切な骨格である「誰の課題に、どのような価値を創出・提供して解決するか」ということ、そして、ビジネスモデルの具体的実行のために最低限必要な「価値をどういう活動や方法（ソリューション）で、どのように受益者層に提供し、その経費をどう賄うか、効果を何で計るか」ということについて、各要素の関連性が一目で把握できるようになり、取り組みたい共

創事業のビジネスモデルの仮説・基本シナリオである共創事業アイデアが簡単に説明できるようになったのではないかと思います。

このキャンバスが、関係者からの共感を得るためにシンプルに説明可能な、事業ビジョンやストーリーを創るための整理をするのに有効なフレームであることがお分かりいただけたでしょうか。

しかし、最初からこのようにスムーズに各要素を埋めていくことは難しいと思いますので、実際には共創パートナー間で何度も対話を重ねて各要素について検討し、関係機関などへの基礎的なヒアリングなども踏まえながら、少しずつアイデアを広げ・修正していくことになるでしょう。

もし、この段階で埋めることが難しいブロックがあれば、事業の骨格となる①〜③以外の部分は、次の構想案の段階での検討に回してしまっても構いません。このキャンバスの最も特徴的な点は、共創事業の骨となる基本的要素とその関連性を一枚にまとめることで、スピーディーに仮説構築・検討・修正・共有を図ることができる便利な手段ということであり、完璧に埋めることが目的なのではありません。手段を目的化せず、利点を活かすことを意識して試行錯誤しながら、自分なりの使い方で慣れていくことで、よりこのキャンバスが効果的に使えるようになっていくはずです。

4 構想案及びリサーチの段階
（公民共創版ビジネスモデルハウスの活用）

発・着・想の段階では、共創事業のタネの発見から当初の事業仮説である共創事業アイデアを創るまでを行いました。

この共創事業アイデアについて、共創パートナーや事業に欠かせないステークホルダーからの共感を得られ、実行の可能性が出てきた場合は、次の段階として、より実行に必要な要素を加えた共創事業の構

想案の作成に入ります。

　なお、共創事業の構想案を実行・ローンチに耐えうるレベルにして
いくためには、各ブロックの要素について、共創事業の内容に関連す
る制度や許認可を所管する公的機関や民間サイドの関連部門、実行に
さまざまな形で協力をしてくれる方々、その他調整や根回しをしてお
いたほうがよい組織や地域住民などのさまざまなステークホルダーに
対するリサーチを同時並行で行い、構想案作成とリサーチの間で行っ
たり来たりを繰り返しながら、適宜内容の再検討・修正を重ねてくこ
とになります。

　前段階で使用した公民共創版リーンキャンバスは、共創事業のビジ
ネスモデルの骨格の部分をスピーディーに検討すべく、最小限の要素
をシンプルに表したものですので、共創事業に重要な要素である
PPRPや3PMなどの要素が一部含まれていません。そのため、この段
階から実行のための構想案を創る及び必要なリサーチをするために使
用するのは、それらの要素も加えた公民共創版ビジネスモデルハウス
になります。

　なお、各要素を記述したもの（図29）を見ながら本文を読んでい
ただくとより分かりやすくなると思います。

　まず、このハウスの半分ほどの要素（④～⑦、⑧、⑪、⑫、⑮、②
の一部）は公民共創版リーンキャンバスとリンクしていますので、先
にそちらを作成した場合はその内容を転記することから始め、他のブ
ロックとともに、適宜それらを検討・リサーチして、広げ、深め、よ
り実行性の高いものにしていきます。もし作成を省いた場合や記述が
薄い又は漏れている場合は、本章の公民共創版リーンキャンバスに関
する説明を参考に、それとリンクする、ハウスのブロックの検討から
始めてください。

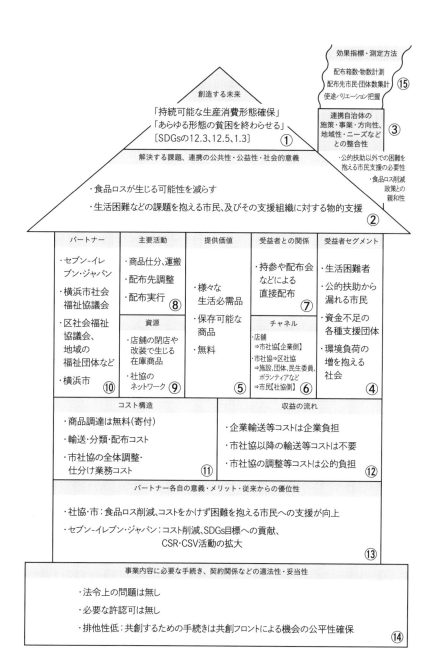

図29：公民共創版ビジネスモデルハウス（内容入り）

前節3で述べた通り、このハウスの各ブロックについては、公民共創版リーンキャンバスにリンクする部分を優先すること以外は、明確に検討の順番は定めていませんので、構想案の検討やリサーチの状況に応じて適宜埋めていくことになりますが、ここではまず、既に発・着・想で検討した部分を便宜上省きつつ（実際の案件では、これらのブロックも検討を続け、内容の深化や修正を続けます）事業のビジョンや目的といった大きな部分である、創造する未来（①）、解決する課題と連携の公共性・公益性・社会的意義（②）、連携自治体の施策・事業・方向性、地域性・ニーズなどとの整合性（③）から見ていきましょう。

　この三つのブロックの関係性は、①〜③の順に大・中・小及び抽象的から具体的へ、という入れ子関係のイメージです。

　なお、この部分の検討にあたっては、前章第2節1（1）のPPRPモデルの目的（Purpose）や公民共創版リーンキャンバスの①課題についての説明を参考にしてください。

　事例では、まず一番大きな事業ビジョンとなる創造する未来のブロックについてSDGsの目標から引用しています。現在、官民共通の世界目標として関心の高いSDGsは、このブロックの検討に最も参考になるメルクマールです。

　課題と公共性・公益性・社会的意義のブロックについては、PPRPモデルの説明でも述べたように、公益的な共創事業において最も重要な要素の一つになりますので、当該共創事業の有する公共性や公益性などは何なのかをしっかり検討しなくてはなりません。

　事例では、食品ロスの削減という環境的な課題解決と、生活の困難を抱える市民の支援という福祉的な課題解決を、当該共創事業が有する公共性・公益性などとして位置づけています。

　連携自治体の施策・事業・方向性、地域性・ニーズとの整合性のブ

ロックは、前節3③で述べた通り、より具体的に、共創事業の内容や創出される価値が、共創パートナーである地方自治体の考え方や当該地域の状況などとしっかり整合しているか否かについて、確認・検討を漏らさず行うための部分になります。

　事例の記述を見ると、それらの方向性・ニーズと共創事業の内容や創出価値が、合致していることが分かると思います。

　次に、資源（⑨）とパートナー（⑩）についてです。

　課題解決のための価値を創出するためには、その元になるヒト・モノ・カネ・情報・権限・ネットワークなどの資源が必要です。また、その資源を負担し、事業構築・運用などのための主要活動（⑧）を行う共創パートナーは誰か、を明確にしておかなければなりません。

　事例では、主な資源としてセブン－イレブン・ジャパン側が提供する在庫商品と、分類や流通の一部を担う横浜市社会福祉協議会のネットワークを事業の基本的な資源として記述しています。また、共創パートナーは、事業主体である三者と、加えて、この共創事業実行に欠かせない協力者である、地域への商品の流通に協力を頂く地域の事業者の方々を記載しています。

　パートナー各自の意義・メリット、従来からの優位性（⑬）のブロックでは、共創パートナーが共創事業の主体となり実行していく理由として重要となるパートナー各者が得られるメリットと従来の状況に比較して優位な点を、前章第2節及び第3節の3PMやメリットの考え方などを参考にして、パートナー間の対話を行う中でしっかりと明確化しておくことが大切です。

　事例では、横浜市と横浜市社会福祉協議会のメリットとして、市域での食品ロスの削減と低コストでの地域福祉の向上。セブン－イレブン・ジャパンとしてはコストの削減と、社会貢献の向上が、主なメリットになるものと考えられます。

事業内容に必要な許認可などの手続や共創パートナー間の契約関係についての適法性・妥当性（⑭）のブロックでは、前章第2節1（1）と（4）のPPRPモデルの目的（Purpose）と手続（Process）の説明を参考に、共創事業の内容に直接的・間接的に関係する法的手続の種類や必要性などについて検討すること、及び、前章第6節の公平性確保の説明を参考に、共創パートナー間の契約締結手続の適法性や妥当性について整理しておくことが必要になります。

　公益性を有する共創事業において、適法性や社会通念上の妥当性に欠ける部分があることは、ローンチ後の大きな事業リスクにつながりますので、漏れが無いように幅広に検討をし、少しでも懸念がある場合は、関係機関へのリサーチを行うことが不可欠です。

　最後に、効果指標・測定方法（⑮）のブロックですが、公民共創版リーンキャンバスの主要な効果指標（⑨）の部分をベースにしつつ、この段階では、共創パートナーとともに測定の方法も定め、必要なデータの収集やコストの負担についての役割分担を定めることが必要になります。

　ここまでで、公民共創版ビジネスモデルハウスのブロックがすべて埋まって共創事業の実行に必要な要素は揃い、共創事業の構想案が固まりました。

　全体を俯瞰してみて、もし各ブロックにおいて、相互の関係性が弱い、また、事業に必要不可欠だが内容が薄い、調整が甘いという弱点がある場合は、事業リスクにつながるので、そのブロックに注力して検討・調整を深める必要が出てきますが、このようなチェック点が網羅的に一目で把握できるのもこのハウスの利点です。

　弱点を無くした後は、固まった共創事業の構想案を元に、共創パートナー各組織における事業実行に向けた意思決定、及び、事業に関係するステークホルダーからの同意を最終的に得て、社会へのローンチ

を行い、コミュニケーションとフィードバックを経て、事業の継続の可否の判断を行い、継続の場合は、引き続いての事業実行、そして事業の改善のための共創サイクルが続いていくことになります。

5 その他の思考法やフレームワーク

これまで、公民共創版リーンキャンバスと公民共創版ビジネスモデルハウスという二つのフレームワークを活用した、発・着・想から社会へのローンチに至るまでの共創事業構想の流れについてご紹介しました。

ここで気を付けていただきたいこととして、この二つのフレームワークは、あくまで何らかの発・着・想により生まれたアイデアのタネを、共創事業として実現するために必要な要素とその相関関係を論理的かつ漏れなく整理・検討するため、また、一目で分かる形で共創事業のビジネスモデルを表現し共有するためのツールとしての基本フレームワークです。そのため、これらを単純に埋めていくだけで創造的な共創事業アイデアが生まれるわけではありません。

大切なのは共創により生み出したい理想の姿をしっかりとイメージし、それを実行できる形に構築すること、つまり共創による事業構想をすることです。

特に、誰の課題をどんな価値を創出・提供して解決するかというビジネスモデルの基本部分、そして、それを実行する活動・機能・手段やチャネルの部分は、共創によるイノベーティブな課題解決スキームのコアとなる部分です。そのため、それらの検討にあたっては、セレンディピティが生まれるような柔軟で創造的なアイデア創出を行うことが必要です。

この二つのフレームワークを使用する・しないに関わらず、これらコアの部分をはじめ、共創事業のビジョンやストーリーとなるような

全体的なイメージ・アイデアや各ブロックの要素に該当するアイデアを創出していくには、共創パートナーをはじめとしたさまざまな立場で異なる知見を持つ方々との間で対話・ディスカッションを繰り返し行い、適宜、柔軟に内容を検討・修正していくことが基本となりますが、それらの対話をより効果的なものにするさまざまな思考法やフレームワークを活用することも有効です。

　そこで、次に、それらのアイデアを検討する際に筆者が活用している思考法や別のフレームワークの一部をまとめて紹介します。

　なお、これらは既にさまざまな形で内容や使用法が紹介されている一般的なものであることから、詳細な活用法の説明や図は省きますので、ご興味のある方は関連書籍やインターネットなどを通じて確認してみてください。

①「As is/To be」・「なぜなぜ分析」

　これらは、課題と、その前提となる問題を抽出する際に必要な思考法・フレームワークです。

　問題と課題は同じものではありません。問題とは現実と理想のギャップのことで、課題とはそのギャップを解決するために必要なことですから、アイデア創出の前に、その目的となる正しい課題を導くには、前提となる問題を明確化することが大切です。

　そのため、まずは解決したいテーマに関するAs is（現状）とTo be（あるべき理想の姿）をそれぞれ抽出して比較をし、両者のギャップ（問題）を見出します。そして、そのギャップを引き起こす要因について、なぜなぜ分析で「なぜ？　……なぜ？　……」と繰り返し問うていくことで、課題つまり問題解決のために具体的に取り組むべき・取り組めることが明確化していきます。

②「バックキャスティング」・「フォアキャスティング」

　これらは、未来をどう考えるか、どのような道筋で実現していく

か、ということについて考え、必要となるアイデア創出の幅を広げるための思考法です。

　バックキャスティングは、理想・目標となる未来の姿を先にイメージしたうえで、その未来を起点に逆算して、未来に向けた道筋や取り組むべきことを考えていく思考法です。フォアキャスティングはそれとは逆で、現在を起点として、過去や現在の資源やデータをもとに道筋や取り組むべきことを考え、到達可能な未来を予測する思考法です。

　これらは、どちらか一方が正しいというわけではありませんが、フォアキャスティングのみを意識してしまうと、現在の延長線上のアイデアから抜け出せず、前例の無い革新的なアイデアは生まれにくくなりますので、共創事業のアイデア検討にあたっては、両者の考え方をバランスよく意識しておくことが大切です。

③「ブレインストーミング」

　これは、アイデア創出の基本手法で、読者の皆さんも行っているものと思われますが、対話が不可欠な共創事業の構想においても、アイデア創出のみならず、さまざまな場面で最も基本となる手法です。

　なお、ブレインストーミングを行う際には、適切なファシリテーションを行うことや検討テーマの絞り込み、意見を否定しないなどのルール遵守といった基本を守ること、そして、アイデア創出はアイデアの拡散だけでなく、出てきたアイデアの評価や選定（収束）も重要ですので、その点を意識して実施していくと、より効果的なブレインストーミングが行えるものと思います。

④「6W2H、シナリオグラフ」

　筆者が共創サイクルにおけるさまざまな段階で、常に忘れずに意識している基本的な思考法が6W2Hです。また、ブレインストーミングにおいては、この6W2Hをベースとしてアイデアを創出するフレームワークであるシナリオグラフを活用することが多いです。

6W2Hは、あるテーマをWhen（いつ）、Where（どこで）、Who（だれが）、Whom（だれに）、Why（なぜ）、What（何を）、How（どのように）、How much（いくらで）の8つの質問によって分析するための思考法です。誰もが知っているものではありますが、筆者は、これは物事を論理的・多面的に検討・整理する思考法として最も欠かせない重要なものと捉えており、共創事業における問題・課題の抽出からアイデア創出、リスクマネジメント、ヒアリング、プレゼンテーション、資料や契約書の作成など、あらゆる場面で意識して活用しています。

　また、シナリオグラフとは、6W2Hの質問、例えば「いつ」「どこで」「誰が」「何を・どのように」などを検討するテーマに応じて抽出し、そのテーマについて、各質問に関連するアイデア要素を多数出したうえで、各質問ごとのアイデア要素をさまざまなパターンで組み合わせていくものです。例えば学校でのキャリア教育というテーマであれば、「〇月の放課後に、〇〇中学校で、〇〇社の社員が、〇〇のワークショップをする」といったような6W2Hの要素に沿った分かりやすいストーリーを持つ事業アイデアを複数創出していくことができるフレームワークです。

　何度も述べているように、多様なパートナーやステークホルダーが関わる共創事業では、関係者の共感を得られる事業ストーリーを構築することが欠かせません。そのため、単なる要素のアイデア出しにとどまらず、誰もが知っている6W2Hを基本として、事業全体の分かりやすいストーリーにつながるアイデアをランダムに複数創出できるシナリオグラフは、共創事業の対話やブレインストーミングにおいて有効な手法と考えています。

⑤「オズボーンのチェックリスト」

　ブレインストーミングを行っても、なかなかすぐに良いアイデアは

出ないものです。そのような場合に筆者が意識して使用する思考法として、ブレインストーミングを考案したA・F・オズボーン氏のチェックリストがあります。

これは、あるテーマについて、それを転用、応用、変更、拡大、縮小、代用、置換、逆転、結合したらどうなるか？という9つの質問を通じて、多様な視点からアイデアを広げていく手法であり、アイデアを検討する場合に念頭に置いておくと便利な手法だと思います。

以上、筆者が共創事業の構想において良く活用する思考法やフレームワークをご紹介しましたが、これらに限らず、世にはさまざまな思考法やフレームワークがありますので、その中から、皆さんの共創事業構想に役立つような、自分の思考や仕事のタイプに合った手法を見つけ出してみてください。

6　フレームワークを活用する場合の注意点

筆者は、共創事業の構想において大切なポイントは、前提や前例をポジティブに疑う「クリティカルシンキング（批判的思考）」、公共性・公益性を多かれ少なかれ有する事業であるため、論理的な説明責任を果たすために必要となる「ロジカルシンキング（論理思考）」、そして、革新的で柔軟な多角的発想が不可欠なことから必要な「ラテラルシンキング（水平思考）」、これらをバランス良く活用していくことだと考えます。

本書で取り上げたものをはじめ、世にあるさまざまなビジネス思考法やフレームワークは、ロジカルな思考の助けになるものもあれば、発想の助けになるものもありますが、どれかに偏ることなく、目的や状況、自分の思考パターンや好みなどに応じて、いろいろ試して活用してみることが大切だと考えます。

大切なことなので繰り返しになりますが、フレームワークは、何か
を考えたり、整理、分析したりする際の要素や思考の流れなどをシン
プルに構造化・パターン化したものです。これらは、さまざまな先人
たちが実践し模索しながら創り上げてきた知恵であり、要素の漏れ・
ダブりや検討の無駄を無くし、効率的・効果的に物事の検討を行うた
めには使わない手はありません。

　ただし、フレームワークはシンプルで便利な反面、使用すべき状況
やタイミングを間違ってしまうと、かえって物事を見誤ったり、単純
に中身を埋めることで満足したりしてしまいがち、というマイナスに
働く場合もあります。

　フレームワークを活用する際に最も大切なことは、簡単な思い付き
でサクサクとフレームを埋めて満足することではなく、その中身につ
いて知恵を絞り、考え抜くことです。フレームワークはその思考の助
けとして、検討すべきポイントや要素、構造、流れなどについて先人
の知恵を借りることができる便利なツールに過ぎず、特に、創造性を
発揮しなければいけない場合などは過度に頼ることは禁物です。

　筆者は、フレームワークの活用について講義などをする際に、この
ことをイメージできるよう、俳句に似ているという説明を良くします。

　例外はありますが、基本的に俳句には先人の知恵である五・七・五
という形式があり、日本語に合うリズムを生む素晴らしい一定のフ
レームになっています。しかし、このフレーム自体が何かを生むわけ
ではなく、社会の事象に対する自分の感性や知識、経験などを総動員
してフレームの中身を考えなければ、創造性に富んだ良い俳句を詠む
ことはできないはずで、それはフレームワーク活用と同様であると考
えるからです。

　そして、フレームワークにはそれぞれ使用に適した一定の目的や状
況、タイミングがあるため、ある程度それが作られた趣旨や目的、背

景などを理解して使うこと、使用目的や状況に応じて自分で内容の修正を行いながら使用する必要もあること、これらも意識して活用することが大切です。

このように、フレームワークは要素を埋めることが目的ではなく、あくまで便利な手段に過ぎず、万能なものではありません。しかし、フレームワークの目的や使用法をしっかり理解し、手段が目的化しないよう留意して活用すれば、きっと、より良い共創事業の創造につながるものと思いますので、皆さんも自分に合ったものや使い方を是非見つけてみてください。

● **演 習** ●

1　民間と行政の連携の事例を、書籍やインターネットで調べて抽出したうえで、本章を参考に、公民連携版リーンキャンバスや公民連携版ビジネスモデルハウスを活用して事例の要素を分析してみましょう。
（トレーニングとしての事例分析にあたっては、各ブロックをすべて埋める必要はありません。まず課題・価値・受益者のビジネスモデルの基本構造を意識したうえで、できれば価値提供の活動・手段とチャネル、大まかなコストと収益の部分を把握することを優先してください）

2　共創事業の構想に携わっている読者の場合は、当該事業のキャンバスやハウスを作成してみましょう。

第7章

社会課題解決を
未来の切り札に

「課題先進国」と言われる日本は、我々の誰もが経験したことのないさまざまな課題に、より一層直面していきます。

　これまで繰り返し述べてきた通り、それらの困難な課題を解決していくには、さまざまな組織や人々が持つ多様な知恵や力を結び付け、イノベーションを創出していくことが、一層不可欠になってきます。

　そのためには、今後これまで以上に、図2で紹介した公・共・私の役割分担図の④から⑦の「共」の領域、中でも、民間（営利部門）と民間（非営利部門）、行政（公的部門）という、最も多様な人々が共創に関わる⑦の領域を、より広げていく必要があると考えます（図30）。

　このことは、第1章第1節2で述べた「三元論」の公共領域を、民間と行政がパートナーとして担うことをもっと増やしていくということですが、単に民間の社会貢献活動を盛んにするということだけではありません。

　このような視点は、ＥＳＧ投資やエシカル消費といった、公共を意識した経済活動がより一層求められてくる今後の世界においては、民間の本来の活動であるビジネス視点から見たとしてもさまざまなメリットにつながってくるはずだと考えます。

　本書では、この「共」の領域を広げるための重要な取り組みの一つである共創について、筆者の経験や研究に基づくさまざまな事例やノウハウを紹介してきましたが、共創に関するまとまった解説書が無い状況を鑑み、まずは実務的な観点から、この「共」の領域拡大に取り組む読者の参考になるよう、仕組みやルール、ノウハウなどを中心に記述してきたところです。

　しかし、共創によって「共」の領域をより広げていくためには、さまざまな仕組みやルールの問題は当然として、それだけではなく、民間・行政ともに壁となる意識や認知の問題も考慮しなくてはならない

【各領域の説明】（「公」=❶、「共」=❹・❺・❻・❼、「私」=❷、❸）

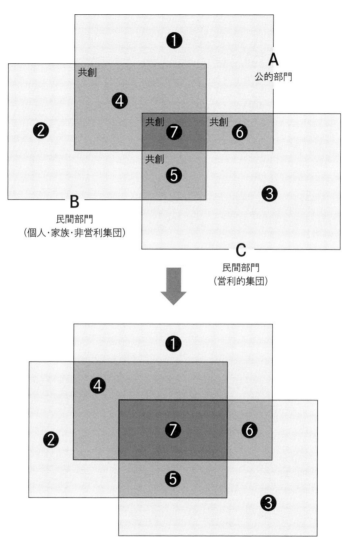

出典：佐々木信夫『日本行政学』（2013、学陽書房）より筆者が一部修正

図30：公・共・私の対象領域の進化

ことは、何度か本書でも触れてきました。

　誰しも、これまでのやり方や考え方を変えていくことには意識的に抵抗感があり、なかなか前向きになれないという気持ちを持つことは、ある程度仕方がないことでしょう。

　しかし、共創を行うのは仕組みやルールではなく、あくまで「人」や「人の集まった組織」ですから、筆者は、今後、より共創を推進していくためには、時代に合わせた仕組みやルールの変革とともに、これら意識や認知の部分について人・組織ともに変革させていくことが、より重要になっていくものと考えます。

　そのためには、全国各地で共創事例を積み重ね続け、実践から意識や認知の変革を促していくことも大切ですが、理論的な面からの変革も必要となるでしょう。例えば筆者は、共創の進化を図るためには、第5章第9節4でも取り上げたような、現代経営学における企業イノベーション理論の核心とも言われる「知の探索・知の深化の理論」や、組織が環境に合わせて変化していくために自他のさまざまなリソースを動的（ダイナミック）に組み合わせ直す「ダイナミック・ケイパビリティ理論」などの心理学を踏まえた経営理論の考え方を取り入れるといった、新たなアプローチが必要になっていくと考えています[1]。

　共創における意識・認識の問題や、これらの理論との整合性については、筆者の研究や実践も緒についたばかりであり、本書では引用などで触れる程度にとどめていますが、大変重要な視点なので、別途何

[1]　これらの理論については、下記の書籍を参考にしています。
　① チャールズ・A・オライリー、マイケル・L・タッシュマン著
　　 入山章栄監訳・解説、冨山和彦解説、渡部典子訳
　　 『両利きの経営』（2019、東洋経済新報社）
　② 入山章栄著『世界標準の経営理論』（2019、ダイヤモンド社）

らかの機会に発表していきたいと考えています。

　このように、まだまださまざまなハードルがある共創ではありますが、日本のポテンシャルを考えれば、たとえ未踏の課題であっても、その解決に資する知恵や力のピースをさまざまな人や組織が持っているはずです。それらの人や組織のセクターの壁を越えた共創が、社会の中でもっと当たり前のものとなっていけば、オープンイノベーションによる新たな価値が創出される機会が増え、きっと、課題先進国ではなく、世界に先駆けた課題「解決」先進国になっていけるのではないでしょうか。

おわりに

　まずは、本書を手に取り、読んでいただきまして、誠にありがとうございました。

　本書は、近年さまざまな形で耳にし、各地域でも盛んになってきた共創に関して、まとまった書籍がないというところから、筆者が十数年間にわたり共創に携わって得た気づきや知見を整理して体系化し、見える化することで、まずは多少なりとも読者の皆さんの役に立つ教科書的なものができるのではないか、という気持ちから書き始めたものです。

　そのため、共創事業構想の理想形はどういうものか？まず一歩でも前向きに共創を進めるには何に気を付ければよいのか？という視点からまとめてありますので、共創事業から派生する課題やコンフリクトなどのマイナス面や、より理論的な面はあえて取り上げていません。

　この辺りは、別の機会に整理・発表していきたいと思いますが、趣旨をご理解いただき、まずは前向きに一歩踏み出すための一つの羅針盤として、読者の皆様の共創事業構想に少しでも活用していただけたならば、まずは本書の目的は達成できたものと思います。

　実際に筆者らは、事業構想大学院大学の事業構想研究所が進めている、自社の経営資源を活用して地域活性化や未来の社会・地域課題の解決に資する事業を構想する「地域活性化新事業プロジェクト研究」[2]の担当客員教授・担当客員フェローとして、本書の知見を実際の講義やディスカッションで提供しています。さまざまな企業・NPOから参加している研究員とともに新規事業構想を行う中で、既に、地域活

2　事業構想大学院大学地域活性化新事業プロジェクト研究の詳細や研究員の募集などについては、下記webサイトを確認してください。
　　https://www.mpd.ac.jp/lab/localproject/

性化に資する魅力的な共創事業の構想がいくつか芽吹いてきており、本書の内容が実際に役立つものである実感を得ています。

　しかしながら、共創については未だ発展途上の分野であり、先行事例や研究はまだまだ少なく、本書には、筆者の実践を通して考察・研究した独自の認識や解釈、方法論が多くあります。そのため、不足している点や矛盾点、問題点などもあるものと思いますので、是非、本書を発・着・想のタネとして、読者の皆様からのご指摘・ご指導・より良いアイデアなどをいただくことで、今後、皆様と共にこの分野の発展形を創っていきたいと考えています。

　最後になりますが、まずは本書執筆のベースとなった数多くの共創事業の創出に協力をしていただいた民間や行政の共創パートナーや関係者の皆様。講義を参考にさせていただいたり、各種調整、編集、出版などにご尽力いただいた事業構想大学院大学の教員及び事務局の皆様。内容の参考にさせていただいた大阪府や福岡市、神戸市をはじめとした共創に先進的に取り組む地方自治体の皆様。原稿や図版の一部の作成、内容の議論、その他さまざまな面でご協力いただいた、小池太輔さん、黒田幸司さんをはじめとした横浜市政策局共創推進室の皆様。そして、帰宅後や休日を執筆に費やしても理解してくれた筆者の家族に、あらためて心よりお礼を申し上げます。

2020年・立夏

河村昌美、中川悦宏

索引

河村昌美 (かわむら まさみ)

横浜市政策局共創推進室　課長補佐／事業構想大学院大学事業構想研究所　客員教授

1995年に横浜市役所入庁。区役所、市民局広報課、教育委員会教職員人事課などを経て、2004年に職員提案制度により日本初の「広告・ネーミングライツ事業」の専任部署を新たに立ち上げ、担当として当該事業を推進。公民連携推進のため2008年に新設された共創推進事業本部（現：共創推進室）に当初から現在まで所属し、様々な共創事業のコーディネート・コンサルティングに携わる。全国の自治体や大学、学会などにおいて共創（公民連携）に関する講師を多数担当。大学では考古学、大学院では法務を専攻。法務博士（専門職）。著書に横浜市広告事業推進担当『財源は自ら稼ぐ！―横浜市 広告事業のチャレンジ』（共著、2006、ぎょうせい）

中川悦宏 (なかがわ よしひろ)

横浜市政策局共創推進室／事業構想大学院大学事業構想研究所　客員フェロー

2009年に横浜市役所入庁。区役所、こども青少年局を経て、2016年に公民連携専門部署の共創推進室に配属され、様々な共創事業のコーディネート・コンサルティングに携わる。全国自治体、大学、専門学校などでの共創（公民連携）に関する講師を多数担当。プライベートにおいては音楽家としてのキャリアを持ち、プロデュース・作編曲・演奏（サキソフォンほか）による商業音楽の様々なアーティスト・プロジェクトへの参加を通じ、音楽ビジネスの実績と経験を積む。知的財産管理技能士3級。

公民共創の教科書

発行日　　2020 年 6 月 17 日　　初版第 1 刷発行

著　者　　河村昌美・中川悦宏
発行者　　東英弥
発　行　　学校法人先端教育機構 事業構想大学院大学出版部
　　　　　〒 107-8418　東京都港区南青山 3-13-18
　　　　　編集部　03-3478-8402
　　　　　https://www.projectdesign.jp
発　売　　学校法人先端教育機構
印刷・製本　株式会社暁印刷
DTP　　株式会社鷗来堂

ISBN978-4-910255-02-6

学校法人 先端教育機構
事業構想大学院大学出版部 の書籍

【地方創生シリーズ】

明るい逆参勤交代が日本を変える
──働き方改革と地方創生の同時実現

松田智生 編著

都市から地方へ関係人口を創出し、人生の充実と地域の活性化へ──自治体首長・民間パートナー・政策担当者ら識者が一堂に会し、これからの日本が目指す新しい社会のあり方を提言。全国6地域でのトライアルを通じた体験者の生の声もリアルに採録。

■本体1500円+税　ISBN9784910255002
■発行　学校法人先端教育機構

【地方創生シリーズ】

ふるさと納税の理論と実践

保井敏之・保田隆明 著
事業構想大学院大学ふるさと納税・地方創生研究会 編

ふるさと納税は、世界でも類を見ない新制度。支持を得て寄附を集め、地方創生を実現していくために、賛否両論を公平な観点で検証し、必要な理論とその実践を初めて解説。事業構想大学院大学が主催した「ふるさと納税研究会」に参画した気鋭の学者2名による共同執筆。

■本体1800円+税　ISBN978-4-88335-387-3
■発行　株式会社宣伝会議

【地方創生シリーズ】

ふるさと納税と地域経営
──制度の現状と地方自治体の活用事例

高松俊和 著
事業構想大学院大学ふるさと納税・地方創生研究会 編

ふるさと納税制度は、世界に類を見ない地方創生政策。同制度を活用して、いかに地域経営をしていくか。各自治体での取り組み事例を数多く取材・掲載し、ポータルサイト「さとふる」がもつ顧客データや自治体に対して行った独自のアンケート結果を駆使。現場に役立つ初の実践書。

■本体1800円+税　ISBN978-4-88335-383-5
■発行　株式会社宣伝会議

詳しい内容については発行元ホームページをご覧ください